TIPOGRAFÍA EN LATINOAMÉRICA
orígenes e identidad

CECILIA CONSOLO COMPILACIÓN

Blucher

CECILIA CONSOLO COMPILACIÓN

TIPOGRAFÍA
EN LATINOAMÉRICA
orígenes y identidad

Tipografía en Latinoamérica: Orígenes e Identidad
Copyright © **2013**
Editora Edgar Blücher Ltda.

Publisher Edgar Blücher
Editor Eduardo Blücher
Organizador Cecilia Consolo

Preparadora de textos Maria Dolores Delfina Sierra Mata

Projeto gráfico Cecilia Consolo
Designer gráfico Nikolas Lorencini
Editor de Imagens Autores

Rua Pedroso Alvarenga, 1245, 4º andar
04531-012 - São Paulo - SP - Brasil
Fax 55 11 3079-2707
Tel 55 11 3078-5366
editora@blucher.com.br
www.blucher.com.br

É proibida a reprodução total ou parcial por quaisquer meios, sem autorização escrita da Editora.

Todos os direitos reservados pela Editora Edgar Blücher Ltda.

Impressão e acabamento: Yangraf Gráfica e Editora

Dados Internacionais de Catalogação na Publicação
(Câmara Brasileira do Livro, SP, Brasil)

La tipografia en latinoamérica: orígenes e identidad / organizado por Cecilia Consolo. - São Paulo: Blucher, 2013.

Vários autores
ISBN 978-85-212-0757-3

1. Tipografia 2. Tipos para impressão I. Consolo, Cecilia

13-0396   CDD 686.22

Índices para catálogo sistemático:

1. Tipos para impressão

Gracias a diseñadores latinos por ofrecer sus tipografias para la portada de este libro

ALEJANDRO LO CELSO
Arlt Deco
Borges Poema
Perec
Rayuela

CÉSAR PUERTAS
Buendía Book
Buendía Book Italic
Buendía Extrabold
La República Regular y Italic
Legítima Regular y Italic

FRANCISCO GÁLVEZ
Amster Regular y Italic
Australis Italic
Elemental Regular y Italic
Queltehue Regular y Italic

RUBÉN FONTANA
Andralis, Regular y Italic
Palestina, Regular y Italic
Chaco Regular y Italic
Fontana, Regular y Italic

LUCIANO CARDINALI
Ghentileza Original
Ghentileza Regular
Sephera
Thanis Display

PABLO COSGAYA
Asap
Bahiana
Barrio
Chivo
Rosário
Sansita One
Unna

RESUMEN

INTRODUCCIÓN   9
CECILIA CONSOLO

LA HERENCIA EUROPEA   17
ALEJANDRO LO CELSO

Cómo abordar una historia tan larga y compleja   19
Alemania: tipos móviles e impresores móviles   20
Los tres tipos de góticas   21
Italia y las letras humanistas: de Petrarca a Bracciolini   23
La itálica de Niccolò Niccoli   24
La escuela veneciana y Nicolás Jenson   25
Francesco Griffo y la imprenta Aldina   28
Nacen las primeras itálicas   30
El refinamiento de París y Lyon   31
Las Garamonds   32
El más grande de todos los punzonistas   34
El Barroco holandés: economía y sentido teatral   36
Barroco tardío y madurez tipográfica: Nicolás Kis   38
El desafío del Rococó: acrobacia plástica con máxima legibilidad   39
El pragmatismo inglés   40
"Cuando dudes, usa Caslon"   40
Baskerville y la primera tipografía femenina   42
Los españoles siempre prefirieron las góticas   43
Decadencia y recuperación del libro español   44
Producción portuguesa modesta   45
La Era Victoriana y los tipos para publicidad   46
Radicalismo alemán y Modernidad   47
Tipografía europea siglo XX: el caso holandés   47
Resurgimiento tipográfico holandés: De Roos, Van Krimpen, Sem Hartz   48
Rotulismo sensible al servicio del libro   50
Los padres de la tipografía holandesa contemporánea   51
La era digital y la escuela de La Haya   54
El futuro   55
Evolución del estilo Antiguo al Moderno   56
Texto versus Display: cada tipo en su tamaño   57
Prensa *versus* Literatura   57
Referencias   58
Publicaciones periódicas destacadas   61

TIPOGRAFÍA E IDENTIDAD LINGÜÍSTICA   63
MARINA GARONE GRAVIER

1. La escrita y su función en el desarrollo social   65
Los sistemas de escritura   68
La escritura en los pueblos ágrafos   68
2. Tipografía colonial para lenguas indígenas   70
Letras para evangelizar y gobernar   71
El mosaico lingüístico americano   73
La imprenta en América: arribo y difusión   74
La representación tipográfica de las lenguas coloniales   76

3. La lengua vista por los diseñadores	**78**
Lenguaje, escritura y tipografía: paradigmas del diseño de alfabetos en el siglo XX	79
Diseño tipográfico para lenguas indígenas: algunos proyectos contemporáneos	86
4. Diseño tipográfico para lenguas ágrafas: preguntas frecuentes y una propuesta metodológica	**91**
Una propuesta metodológica	94
Marco histórico	94
Marco etnográfico	94
Marco lingüístico	95
Marco tecnológico y de producción	95
Consideraciones finales	96
Glosario	100
TIPOGRAFÍA Y MARCAS: SISTEMAS GRÁFICOS DE IDENTIDAD CULTURAL	**105**
CECILIA CONSOLO	
El proceso de identificación	109
El proceso simbólico	110
Territorio y Cultura	113
De los alfabetos a las marcas	117
Identidades nacionales y marcas	122
LA LETRA EN LATINOAMÉRICA	**131**
RUBÉN FONTANA	
1. Una historia de cinco siglos	**133**
El aprendizaje del oficio	133
Los cambios tecnológicos y los comienzos de la enseñanza de la tipografía en la universidad	134
Una experiencia singular: la tipografía en la Universidad de Buenos Aires	135
2. El desarrollo de un pensamiento tipográfico local	**137**
La revista *Tipográfica*	137
El nacimiento de la bienal «Letras Latinas»	139
La segunda bienal «Letras Latinas»	139
«Tipos Latinos»	140
3. Más publicaciones, más eventos	**141**
4. Otras maneras de enseñar y aprender	**143**
Grupos de estudio, enseñanza y difusión	143
Actividades de extensión universitaria	144
La producción editorial	144
5. Un balance provisorio	**145**
Producción y comercialización de fuentes	145
¿Qué le falta a la tipografía latinoamericana?	146
¿Para qué sirve la tipografía?	146
Conclusiones	148
Apéndice I	149
Apéndice II	150
Apéndice III	155
Apéndice IV	156

INTRODUCCIÓN

INTRODUCCIÓN | CECILIA CONSOLO

A fines de la década del 1980 e inicio de los años 1990 comenzó, en el continente, un fuerte movimiento por la valorización y reconocimiento del diseño como un importante vector de la economía y de identidad cultural y política. El período coincide con el fin de las dictaduras militares y con los intereses de fortalecimiento de la región como un bloque económico. Las dictaduras constituyeron un período sombrío durante el cual las manifestaciones culturales eran ofuscadas con violenta represión, al mismo tiempo en que una invasión de productos culturales norteamericanos era ofrecida en gran escala.

Había un sentimiento nacionalista en casi todas las áreas de expresión de la cultura, en las artes, la música, el cine, y con el diseño no fue diferente. La discusión sobre "la cara" del diseño nacional estaba en pauta y consecuentemente, una mirada más atenta en busca de nuestras raíces y lenguaje propio. En esa búsqueda la tipografía, como pilar del diseño de comunicación, pasó a habitar el interés de varios grupos, principalmente dado que la tecnología digital tornó más accesible la interacción y manipulación del dibujo de tipos y fuentes.

La primera iniciativa, por parte de Brasil, de intentar mapear los elementos de la identidad latina ocurrió en 2002, por ocasión de la edición de la Revista ADG n. 25, editada en Brasil por la Asociación de los Diseñadores Gráficos, a la que fueron invitados varios diseñadores profesionales destacados de cada país, para presentar una reflexión sobre el estado del diseño, tanto como práctica económica como también como forma de expresión cultural. El resultado fue una publicación que presentaba un análisis sobre 12 países (Argentina, Bolivia, Brasil, Chile, Colombia, Costa Rica, El Salvador, México, Nicaragua, Perú, Uruguay y Venezuela), en casi todos los relatos, la situación expuesta en cada uno de ellos, era similar: dificultades para establecer una identidad local, la falta de mecanismos de control, la búsqueda de los orígenes de lenguajes visuales propios, y la necesidad de fomentar una enseñanza estructurada pensada para las necesidades locales y ya no más una copia de los moldes venidos del hemisferio norte. La publicación de 134 páginas que presentaba las reflexiones junto con una muestra de las producciones nacionales de América Latina, fue distribuida durante la 6ª Bienal Brasileña de Diseño Gráfico que tuvo lugar en San Pablo.

El segundo intento, ocurrió cuando se pensó en organizar un proceso colectivo de investigación, antes de la formación de este libro. Se llevó a cabo por medio de una llamada a participar a través de un cuestionario que fue ampliamente distribuido para grupos de investigación, asociaciones de clase, representantes de la ATypI (Association Typographique Internationale) y también, por intermedio de los mismos corresponsales de la edición de la revista ADG 25. El cuestionario contenía preguntas sobre el imaginario de los países en relación al diseño gráfico, como por ejemplo, ¿Qué embalaje es más característico del universo gráfico de su país? ¿Qué tipografías son las más usadas y a la vez caracterizan la comunicación gráfica de su país? ¿Cuáles son los signos visuales más presentes en la cultura? ¿Qué signos expresan una identidad nacional?, entre otras cuestiones. Infelizmente sólo un cuestionario retornó, este contenía el siguiente mensaje "no sé".

El desafío resultó mucho mayor de lo que imaginábamos. Entendimos que todos ansiaban reconocer la identidad cultural del diseño de sus países, pero se configuró como una tarea extremamente difícil después de siglos de yugo cultural, económico y político. La noción de origen e identidad se diluyó en el transcurso de años de supremacía cultural. Además, germinó en la población local, una fascinación por todo lo que es oriundo del "exterior" principalmente de Europa y Estados Unidos, donde, sin cuestionar, se presume que su eficacia está atribuida a una "calidad superior" inherente.

También es importante destacar que la cultura está formada por una dinámica de conexiones y contaminaciones, es un proceso continuo. Algo genuino es muy difícil de ser identificado y no sabemos si es posible tal afirmación. Un sistema gráfico puede ser definido como vector de identidad cuando el conjunto de sus elementos constructivos, las peculiaridades de las señales, las características estéticas y cromáticas, y principalmente, cuando el orden y la posición entre los elementos, forman un código con una gramática específica, que sea reconocible por los miembros que comparten aquella cultura, y compartir implica *a priori* la noción de intercambio.

Eso ocurre no solamente con los pueblos de América Latina, sino que como en cualquier otra cultura, la formación de la identidad es resultado de un flujo en permanente construcción, en que la cultura material y visual, asociadas a la organización social y a las características específicas de la vida en aquel medio o espacio geográfico, se tornan elementos de diferenciación de otros grupos.

Específicamente en Latinoamérica las sucesivas aproximaciones con otras culturas, por cuestiones de comercio, herencia de otras civilizaciones, religión o imposición política, generaron nuevos códigos e introdujeron nuevos signos en el imaginario y en la comunicación. De esta manera podremos entender que nuestra identidad es resultado de intercambios y contaminaciones, y, como característica propia de los países latinos, esa dinámica no cesa nunca, no porque exista un diálogo entre monólogos aislados y niveles estancos de representación, sino porque, la cultura es fruto de la aprehensión y transcreación de varios signos de la historia y de tensiones sociales, promoviendo el rescate y resignificación cognitiva, resultando en la circularidad del conocimiento.

Por fin, la tercera tentativa ocurrió en julio de 2009 con la primera convocatoria para la redacción de esta obra. Puede parecer demasiado tiempo para producir un libro, pero muchos autores que al principio habían aceptado la invitación, declinaron en el camino. Tal vez todos tengamos conciencia de la pluralidad de factores que compone nuestra cultura, y hasta los reconocemos, sin embargo elegirlos fue un desafío para los que asumieron la responsabilidad de presentar no un panorama de hechos sucesorios, sino una reflexión sobre los procesos multidisciplinarios que tienen una implicancia directa en la construcción del imaginario y de la identidad de la producción tipográfica de nuestros países. Este trabajo no pretende presentar la respuesta definitiva, sino abrir frentes para una extensa investigación. El proceso, se demuestra aquí, es una sumatoria y superposiciones de signos usados en la comunicación soportan un caldo cultural complejo.

Lo que este libro pretende es presentar cómo fue la trayectoria para llegar aquí. Elucidar el largo y complejo proceso de supervivencia y recuperación de las culturas nativas, del impacto de la introducción de la cultura tipográfica de Europa, con sus siglos de experiencia y, sólo muy recientemente fueron creadas las academias para un estudio profundizado sobre el tema en el continente. En esa composición del imaginario y reportorio visual de las señales de comunicación, la región tuvo incluso la contribución del período de gran inmigración a fines del siglo XIX y comienzos del XX, con la llegada masiva, además de los europeos, de una gran parcela de asiáticos, eslavos, italos, germanos y árabes, entre otros. Es adecuado aplicar el concepto de multiplicidad para calificar todas las manifestaciones de la región: multicultural, multirracial, multifacética.

La primera parte de esta edición presenta un panorama de la evolución cronológica del progreso de la tipografía en Europa y de cómo fue traída al continente. No participamos de su proceso evolutivo, ya llegó lista, y eso probablemente quitó una etapa de desarrollo intelectual. Los primeros a tener contacto con las nuevas técnicas se limitaron a ser operadores pasivos del sistema, a diferencia de Europa cuyos países crearon, por una serie de cuestiones económicas y técnicas, sus propios conjuntos de tipos, con diseño propio, impregnados de significados. Heredamos prensas y conjuntos de tipos traídos por los colonizadores y eso contribuyó directamente para la construcción del tejido cultural.

Ya la segunda parte, presenta y enciende, a través del rescate y diálogo con las culturas nativas, la conciencia de que nuestro pasado no se limita al período de colonización. La recuperación y transliteración de las lenguas nativas en nuevos caracteres tipográficos contribuyen al conocimiento, cada vez más renovado y profundizado, sobre la dinámica de los signos en nuestra cultura, y preserva y revaloriza las lenguas de tradición oral.

La tercera parte presenta la construcción del repertorio semántico por medio de las marcas, de las tipografías usadas en la identidad nacional, y en los alfabetos corporativos empleados en la comunicación impresa, cuyos sistemas cargan consigo la historia de los pueblos y de grupos culturales que poblaron el vasto territorio sudamericano. Se puede afirmar que la caracterización ocurre por regiones de afinidad cultural y no por la división territorial política.

Para finalizar, un importante análisis sobre la formación y difusión del estudio de la tipografía, con su impacto decisivo en la evolución del diseño de la región y en la formación de las identidades culturales. Las perspectivas para el futuro están arraigadas en el compromiso y la profundización de un diseño tipográfico orientado hacia las necesidades y problemáticas locales, principalmente para el desarrollo, y al mismo tiempo, la manutención de los idiomas y características del lenguaje y su expresión.

Se espera así que este contenido brinde al lector el estado evolutivo de la tipografía en la región y constituya una fuente de consulta al mismo tiempo que se convierta en una invitación a futuras investigaciones.

CECILIA CONSOLO
Compilación

LA HERENCIA EUROPEA
ALEJANDRO LO CELSO

CÓMO ABORDAR UNA HISTORIA TAN LARGA Y COMPLEJA

El presente capítulo pretende un recorrido (inevitablemente más veloz que exhaustivo) de la historia de la tipografía en las principales culturas occidentales de Europa, con la idea de que ello nos permita comprender un poco mejor el contexto de donde provinieron los primeros impresores a América.

La historia de la llegada y difusión de la imprenta de tipos móviles a los diferentes países de Iberoamérica ha sido estudiada y referida por importantes historiadores de ambos lados del Atlántico. Trabajos pioneros en nuestro continente deben verse en la obra del investigador chileno José Toribio Medina, los mexicanos Emilio Valtón y Joaquín García Icazbalceta, el estadounidense Henry Wagner y los argentinos José Torre Revelo y Guillermo Furlong, entre otros. Estos investigadores sentaron precedentes importantes en un camino de descubrimientos que aún hoy está salpicado de interrogantes.

Naturalmente no es posible cubrir aquí todos los actores y acontecimientos importantes de la historia tipográfica europea. Hemos escogido los momentos que nos parecen más relevantes, por la originalidad de su aporte o por la influencia que ejercieron *a posteriori*. Luego del Renacimiento italiano y francés sobreviene el Barroco, de dominio holandés. El Neoclasicismo se inaugura en Francia aunque será el inglés John Baskerville quien hará un aporte significativo. España es enfocada en su momento incunable, quizás el más interesante, y (no sin pesar) soslayamos la mayor parte de la historia alemana pues pertenece a la tradición gótica, imposible de abordar aquí. Para el siglo XIX nos concentraremos en la Inglaterra victoriana y sus tipos display y para el XX hemos optado por la tipografía holandesa, sin duda la escuela más sobresaliente hoy. Muy desconocida en América, la escuela tipográfica de Europa del Este (en especial checa y polaca), es bien interesante y merece ser tratada en un contexto distinto.

Un propósito aquí ha sido ensayar una observación más íntima de la forma de las letras y de los estilos tipográficos, algo que suele ser menos abordado en los estudios de tradición bibliográfica e incluso en textos de tipografía para comunicadores visuales. Creemos que adentrarse en la historia de los protagonistas de la evolución de las letras impresas es una buena oportunidad para asimilar sus aspectos formales y estilísticos más sutiles.

También hemos señalado bibliografía específica allí donde nos parece valioso, para que el lector interesado continúe su exploración. Existe aún poca bibliografía tipográfica en español y portugués, y la mayoría de las referencias provienen del inglés.[1] Finalmente y con espíritu didáctico, información sobre anatomía y evolución de las formas tipográficas ha sido dispuesta en recuadros separados del relato principal.

ALEMANIA: TIPOS MÓVILES E IMPRESORES MÓVILES

Parece una justa ironía el que los primeros impresores con tipos móviles hayan tenido ellos mismos que emigrar de sus ciudades alemanas hacia otras comarcas, dado lo amenazante de su invención. Para la Iglesia los artistas negros representaron un riesgo doble: político-ideológico, por pretender imprimir versiones "no oficiales" de la Biblia, y político-sindical ya que los scriptoria de los monasterios podían perder gran parte de su "mercado editorial".

Hay quienes atribuyen la invención del tipo móvil de metal al impresor holandés Lorenzo Coster. Pero más allá de esta discusión histórica, resulta sensato imaginar que cualquiera la nacionalidad de quienes hubieren perfeccionado el procedimiento de fabricación de tipos móviles, inventados en China en el siglo XI, el destino migratorio del oficio no habría sido muy diferente. Migración e intercambio cultural fueron, junto a la moda, los motores

---

[1] *Es preciso destacar la tarea que la editorial valenciana Campgràfic realiza desde hace años editando en castellano obras tipográficas de valor. Asimismo tanto en Brasil como en México esfuerzos independientes han editado en los respectivos idiomas Los elementos del estilo tipográfico de Robert Bringhurst, referencia bibliográfica fundamental. Y también el Círculo de Tipógrafos de México ha iniciado su camino editorial con un libro sobre Jan van Krimpen.*

primordiales de "evolución" de las formas tipográficas en Occidente. Fue la migración alemana a otros países europeos lo que posibilitó la difusión del tipo móvil, así como en muchos casos el protagonismo recayó en extranjeros inmigrantes en otras culturas. De modo que hablar de historia de la tipografía implica hablar de sucesivos liderazgos económicos, de persecuciones religiosas, de intercambios e influencias culturales, de estilos nacionales, nacionalismos, chovinismos y hasta de copias e inescrupulosos plagios.

LOS TRES TIPOS DE GÓTICAS

Gracias a la minucia de investigadores bibliográficos, conocemos hoy los usos a los que se destinaron los estilos tipográficos en los albores de la imprenta de tipos móviles en Europa. Si resulta oportuno revisitar brevemente esos estilos la distinción de Alfred Forbes Johnson[2] de tres grupos de góticas resulta muy provechosa:

1 GÓTICA TEXTURA | Un tipo de letra muy vertical, esbelta y angular, extremadamente geométrica, y de pies pronunciados en forma de rombo o diamante. Destinada a obras litúrgicas, es el tipo de letra utilizado por Juan Gutenberg (c.1398-1468) en sus biblias de 42 y 36 líneas y en todos los misales antiguos. Se continuó usando para ello durante todo el s. XV e incluso esporádicamente en el s. XVI. Para ese entonces la gótica rotunda fue el estilo de moda, y para la época de la Reforma la textura casi no se destinaba sino a títulos y usos display (poco texto, cuerpos grandes).[3]

Un buen rescate de la textura de Gutenberg (de su Biblia de 42 líneas) es Goudy Text, realizado en 1928 por el gran diseñador estadounidense Frederic Goudy (1865–1947) para Monotype

2 GÓTICA ROMANIZADA (o Fere-Humanistica) | Los impresores de textos clásicos, escolásticos y teológicos en latín buscaron un estilo de letra menos formal que la textura, y hallaron su inspiración en los manuscritos: un estilo gótico con tendencias humanistas, cultivado por los primeros humanistas italianos, en particular Petrarca. Como no posee los pies romboidales de la textura, pero tampoco los serifs contundentes de las letras humanísticas, este estilo es visto como transicional. De igual modo, sus signos son más diferenciados entre sí de lo que son en el estilo textura (lo cual supone una mejor lecturabilidad), pero aún no tienen la redondez de las romanas. Ha sido también llamada "Fere-Humanistica" o "Gotico-Antiqua". En castellano "Gótica romanizada" nos parece una buena fórmula. Dada su diversidad estilística este grupo de góticas es el más difícil de definir, en una época donde los estilos se prestaban rasgos entre sí. Sin embargo existen buenos ejemplos de estas góticas romanizadas: el segundo tipo fundido por Schweynheym y Pannartz (1468), impresores en

---

2   A. F. Johnson, Type Designs.

3   *Tomamos prestado el término "display" del idioma inglés por no existir uno equivalente en español / portugués. El término "título" es muy específico y poco abarcativo, mientras "tipografía display" refiere toda situación de uso tipográfico donde no hay lectura inmersiva: típicamente en carteles, envases, rótulos de negocios, vehículos, portadas de libros, títulos en diarios y revistas. Para componer lectura prolongada o inmersiva utilizamos tipografías "para texto". Ver cuadro "Texto versus Display" en pág. 55.*

Subiaco, es un gótico romanizado. También hacia 1475 el alemán Ulrich Gering creó, desde su taller Soleil d'Or, algunas góticas romanizadas muy bellas.

Hubo varios intentos de rescate de este estilo: los célebres aunque poco felices tipos Troy y Chaucer de William Morris (fines del s. XIX); el revival del propio tipo de Subiaco hecho por St. John Hornby para su imprenta londinense Ashendene en 1902; el tipo Treyford, una interpretación literal de la caligrafía de Petrarca, diseñado por Graily Hewitt para la imprenta de la Universidad de Oxford en 1929 (severamente desacreditado por Stanley Morison en The Fleuron VII, p. 180). Las góticas romanizadas se usaron un breve período pero fueron pieza clave en la evolución de los estilos. Entre 1459 y 1485 se produjeron hermosos incunables en góticas romanizadas. E inmediatamente sucedió la gótica rotunda, de gran preferencia entre los impresores de España.

Tipo de Ulrich Gering de 1476: ejercicio de rescate histórico hecho por alumnos en taller dirigido por Alejandro Lo Celso en la ENSAD École Nationale Supérieure des Arts Décoratifs, París, 2007

3 GÓTICA ROTUNDA | Este tercer grupo de góticas es la "versión" italiana de las góticas texturas, y al parecer fue muy popular en Florencia. Una letra francamente más redonda que la textura (letras c e o b d p q), sin su pie diagonal de base, y a diferencia de la tendencia humanística de las góticas romanizadas, la a está cerrada y la g adopta la típica forma angular, mientras ascendentes y descendentes se acortan mucho. Según Johnson el ámbito paleográfico les ha llamado letras "boloñesas" por su uso en la escuela de leyes de la Universidad de Bolonia, aunque también se les ha denominado "venecianas". Para nosotros hoy "veneciana" significa "romana" en el sentido de las primeras antiguas humanísticas, como la romana de Nicolás Jenson. Sin embargo para el ojo del s. XV las góticas rotundas de Jenson eran mucho más familiares que su romana, una forma nueva y sofisticada a la que aún era preciso acostumbrarse. Johnson demuestra que, hacia el final del siglo, las góticas rotundas toman el lugar de las góticas romanizadas en los cuerpos pequeños, mientras que comienzan a competir con las góticas texturas en título y formas display.

Una de las más hermosas góticas rotundas jamás diseñadas es la de Nicolás Jenson de 1480. Imagen de rescate histórico hecho por alumnos de taller dirigido por Alejandro Lo Celso en la École des beaux arts de Toulouse, Francia, 2009

ITALIA Y LAS LETRAS HUMANISTAS: DE PETRARCA A BRACCIOLINI

Los estilos tipográficos que hoy llamamos humanistas surgieron como rescate de la legendaria minúscula carolingia del siglo VIII d.C. (en realidad de sus versiones tardías de siglos XI y XII), último momento de la historia europea al que los renacentistas veían asociada una cierta unidad político-cultural. Creada a pedido del emperador Carlo Magno por un grupo de eminentes calígrafos dirigidos por el sajón Alcuino de York, la minúscula carolina fue impuesta como "estilo de la casa" por decreto imperial en el 789 d.C. Podríamos decir que se trata del primer "diseño de letra personalizado".

Minúscula carolingia usada en la célebre Biblia de Moutier-Grandval (Tours, c. 840)

Petrarca (1304-1374) fue el precursor de esa admiración por la carolingia, la reflejó en su propia letra de copista y la llamó lettera antica en oposición a los modelos medievales vigentes en su época. A partir de su influencia y la de sus discípulos – Coluccio Salutati (1330-1406), discípulo de Petrarca; y Poggio Bracciolini (1380-1459), discípulo de Coluccio –, los estilos caligráficos de los manuscritos italianos del siglo XV, inspirados en los manuscritos carolingios, alcanzaron singular belleza, demostrando la devoción de los humanistas al combinar sus ideales románticos con sus capacidades artísticas. Hacia 1400 Poggio Bracciolini escribe una nueva lettera humanistica, muy inspirada en las carolingias de los siglos XI y XII. De acuerdo a Donald Anderson[4], ese es el corazón de nuestro alfabeto minúsculo. Sin apuro este estilo convivió durante casi un siglo con la gótica rotunda y con varios estilos de bastarda, una gótica itálica típicamente francesa.

La lettera humanistica de 1402 de Poggio Bracciolini, inspirada en carolingias tardías del siglo XII (fuente Anderson. Manuscrito en Biblioteca Laurenziana, Florencia)

---

4   Donald M. Anderson, *Calligraphy*, p. 113.

La segunda aportación de Poggio es altamente valiosa. Como es sabido, el estudio de las mayúsculas obsesionó a los renacentistas. Con la idea de alcanzar la letra "perfecta" arquitectos, artistas y diseñadores buscaron (en todos los casos forzadamente) amoldar las estructuras de las capitales a retículas geométricas: Feliciano, Alberti, Da Moyle, Schedel, Pacioli, Fanti, Torniello, Durero, Verini, Tory, Tagliente, Palatino, Neudörffer, Fugger, Wyss, Yciar, Ruano, Cresci, Horfei, Rossi y Antonozzi son los nombres significativos de esos esfuerzos entre el siglo XV y el XVII.[5]

De cualquier modo es evidente que estas mayúsculas, construidas a partir de proporciones geométricas (o más bien a la inversa), más que letras eran intelectualizaciones de letras. Sus contornos eran dibujados y luego rellenados de tinta. No era posible escribirlas en manuscritos. De acuerdo a Anderson, Poggio Bracciolini es quien, después de estudiar las capitales talladas en inscripciones epigráficas, desarrolla una versión caligráfica, en una escala apropiada para las minúsculas y trazadas con la misma pluma. Esto es un hito fundamental en la historia del alfabeto romano: mayúsculas y minúsculas comienzan a convivir en una página como dos subsistemas de escritura.

Primer uso consistente de mayúsculas y minúsculas. Manuscrito de Poggio Bracciolini de 1406 (fuente Anderson. Biblioteca Laurenziana, Florencia)

LA ITÁLICA DE NICCOLÒ NICCOLI

El comercio floreciente de libros manuscritos creó en Italia un sistema de fama y prestigio para los editores de libros así como para los escribas que eran empleados en las casas editoriales. Entre los nombres asociados a la minúscula humanística está también el de Niccolò Niccoli (1363-1437), quien al permitirse introducir en la minúscula cierta rapidez y espontaneidad logró el estilo que hoy denominamos "itálica". Niccoli y Poggio abrieron así el camino a las dos interpretaciones de la minúscula humanística que se convertirían en los dos grandes estilos italianos del siglo XV, base de nuestra escritura tipográfica: la redonda y la cursiva.

---

5 *Anderson describe la secuencia de forma pormenorizada, Calligraphy, pp. 125-133. Otros referentes valiosos sobre este tema son: Giovanni Mardersteig, "Leon Battista Alberti e la rinascita del caractere lapidario romano nel Quatrocento"; Matthew Carter, "Theories of Letterform Construction. Part I"; y James Mosley, "Giovan Francesco Cresci and the Baroque Letter in Rome". Referencias bibliográficas completas al final del texto.*

Otros maestros escribas como Pietro Cennini (1462-1481) y Antonio Sinibaldi (1443-1528), ambos de Florencia, Marcus de Cribellarus de Venecia y, más notablemente, Bartolomeo Sanvito de Padua (1435- c.1520), contribuyeron al refinamiento de una caligrafía cursiva. Esta cursiva encontraría en 1500, por iniciativa de Aldo Manucio en Venecia, su primer molde en tipos de metal.[6]

Adobe Sanvito, una agraciada itálica humanista apenas inclinada, es homenaje de Robert Slimbach al gran calígrafo Bartolomeo Sanvito.

CERhaegosu

Adobe Sanvito (1993), tributo de Robert Slimbach
al calígrafo renacentista Bartolomeo Sanvito

LA ESCUELA VENECIANA Y NICOLÁS JENSON

Se cree que antes de 1500 ya había imprentas en unas 75 poblaciones italianas. Pero era Venecia la que ofrecía el mayor atractivo para los impresores. Una ciudad refinada y próspera en su comercio con Oriente, donde había importantes bibliotecas y residían muchos coleccionistas de manuscritos. Enviado por su protector el rey Carlos VII de Francia para interiorizarse con el arte negro en Maguncia, el francés Nicolás Jenson se encontró de regreso en París con una doble mala noticia: Carlos VII había muerto y su hijo el nuevo rey Luis XI no se interesó en admitirlo en la corte. En 1470 Jenson se establece en Venecia, y en poco tiempo se convierte en uno de los impresores más admirados.

Si bien hubo varios intentos de producir tipos en base a estilos caligráficos de la época – los hermanos alemanes Juan y Wendelin de Spira así como el mismo Jenson produjeron varias rotundas admirables –, es claro que la minúscula humanista era percibida como el estilo más apropiado para ediciones escolásticas. De todos los intentos de colar un tipo en plomo que interpretase fielmente el espíritu de la minúscula humanística es el de Nicolás Jenson el más logrado. Jenson abrió los espacios dentro y fuera de las letras y les dio a las contraformas un agradable efecto sereno y orgánico, obteniendo un ritmo muy armónico en la línea de texto y en la mancha tipográfica. Hasta su muerte en 1480, Jenson imprimió unos 150 libros, algunos extremadamente bellos, y sus páginas son hoy para muchos las más hermosas de la historia del libro occidental.

Por ser tan admiradas, ha habido innumerables rescates históricos de las venecianas. El talentoso Frederic Goudy se dedicó con fervor a ello. Sus tipos Deepdene y Berkeley Old Style son hermosos ejemplos de venecianas, interpretadas con el sentido de amigabilidad tan típico de Goudy.[7] La veneciana de Jenson en particular también ha sido muy revisitada. Ya mencionamos los intentos (poco logrados) de William Morris.

---

6   Ver p. 30, "Nacen las primeras itálicas".

7   *La obra de Goudy es una de las más prolíficas y fundamentales de la historia. Para comprender su filosofía de diseño resultan valiosos sus dos libros:* Typologia *y* Goudy's Type Designs. *Y sobre su accidentada vida,* Behind the type *de Bernard Lewis es una buena biografía. El propio Goudy publicó entre 1918 y 1926 la revista* Ars Typographica, *reimpresa por Greenwood Press en 1970.*

CERhaegosu
CERhaegosu

Dos grandes diseños de Frederic Goudy de inspiración veneciana: Berkeley Old Style (1914, versión digital ITC + Adobe 1989) y Deepdene (1927, versión digital Lanston 1992)

possessed himselfe of the kingdome: went accor
panyed with his sonnes and other noble men
Rome, to besiege Ardea, during which siege, t
principall men of the Army meeting one eveni
at the tent of Sextus Tarquinius the king's sonn
in their discourses after supper every one comme
ded the vertues of his owne wife: among who
Colatinus extolled the incomparable chastity
his wife Lucretia. In that pleasant humor they
posted to Rome, & intending by theyr secret ar
sodaine arrivall to make triall of that which eve
one had before avouched, onely Colatinus fin

Los tres tipos famosos de William Morris que usó en su propia imprenta Kelmscott: tipo Golden (1890, izq.) inspirado en Jenson, y los tipos Troy y Chaucer (ambos de 1892), influenciados por las góticas de Schoffer y Koberger

ed by pride in themselves and all tha
belongs to them: others there are wh
scorn it and the tameness of it: no
I any the more: though it would in
deed be hard if there were nothin
else in the world, no wonders, no ter
rors, no unspeakable beauties. Y
when we think what a small part c
the world's history, past, present,
to come, is this land we live in, an

into majesty; yet was it never oppre
sive, never a slave's nightmare or
insolent boast: & at its best it had
inventiveness, an individuality, th
grander styles have never overpass
ed: its best too, and that was in i
very heart, was given as freely to tl
yeoman's house, and the humble vi
lage church, as to the lord's palace
the mighty cathedral: never coars

LA HERENCIA EUROPEA | ALEJANDRO LO CELSO

El tipo Centaur del norteamericano Bruce Rogers (1870-1957) ha sido el más citado en la literatura tipográfica del siglo XX, aunque a nuestros ojos resulta inocente, por construir una letra aún más caligráfica que la del propio original.[8] La interpretación digital de Robert Slimbach, Adobe Jenson, nos parece más justa con el espíritu jensoniano a la vez que más apropiada a ojos contemporáneos.

Finalmente, una inquietante interpretación contemporánea es el tipo Lucrecia (no publicado) de Óscar Yáñez, alumno de la Maestría de diseño tipográfico del Centro Gestalt de Veracruz, México, 2007.

CERhaegosu

MonoType Centaur, de Bruce Rogers, 1915 (versión digital Adobe 1991).

CERhaegosu

Adobe Jenson, Robert Slimbach, 2000

CERhaegosu

Tipo Lucrecia de Óscar Yáñez, 2007 (no publicado)

---

[8] *Mientras la letra de Jenson resultó directamente del grabado de punzones de acero, Bruce Rogers trabajó sobre ampliaciones fotográficas de las páginas de Jenson, reescribiendo los signos usando una pluma de punta plana. Esto explica el espíritu caligráfico resultante, distante del original. Rogers narra la historia de su diseño en* The Centaur Types. *Para apreciar su exquisita obra como diseñador de libros: Joseph Blumenthal,* Bruce Rogers, a life in letters.

FRANCESCO GRIFFO Y LA IMPRENTA ALDINA

Aldo Manucio es con justicia recordado como el "Príncipe de la Imprenta", por la belleza y refinamiento de sus ediciones y por la importancia de las innovaciones editoriales que introdujo. En 1495 estableció su taller en Venecia e inmediatamente publicó, nada menos que, los primeros libros impresos en griego. En el mismo año Manucio publica la obra *De Aetna* del cardenal Pietro Bembo (personaje central del intelecto veneciano y autor de las celebradas cartas románticas a Lucrecia de Borgia). Para este libro Aldo contrata los servicios del joyero de Bolonia, Francesco Griffo, quien graba los caracteres que hoy conocemos como tipografía Bembo (la de Monotype por ejemplo). Cuatro años más tarde la sensibilidad de Griffo con la letra humanística estaba más depurada. Su nuevo diseño (hoy Poliphilus) se usó en la renombrada obra de Francesco Colonna, *Hypnerothomacchia Poliphili*, obra mítica del Renacimiento. Por vez primera en un impreso las capitales (de inspiración epigráfica) estaban bien armonizadas con las minúsculas, logrando un bello ritmo blanquinegro en la línea de texto. Además las ilustraciones estaban armonizadas con las manchas de texto, logrando un efecto único.

El paso de Jenson a Griffo aportó dos aspectos anatómicos importantes: por un lado, un tipo de letra más independiente de los modelos caligráficos; si la redonda de Jenson estaba más cerca de la minúscula humanística de Petrarca y Poggio, la redonda de Griffo daba un paso hacia una forma más "escultórica", más vinculada a la nueva manera de producir un texto: grabando cada caracter en el extremo de un punzón de acero, el punzón martillado en la superficie plana de una matriz de cobre, la matriz alojada en el interior de un molde de hierro fundido, donde se vertía fundición líquida de plomo que, al secar, resultaba en un tipo de metal. Por otro lado, Jenson había alineado los serifs de los ascendentes con la altura de mayúsculas. Griffo elevó ligeramente los remates de ascendentes de modo de alinear las mayúsculas con las contraformas inferiores de esos remates. Ese detalle llegó para quedarse en la anatomía tipográfica pues volvía más elegante el contraste rítmico entre mayúsculas y minúsculas.

Comparación de alturas de ascendentes en relación a mayúsculas:
Jenson y Bembo (Adobe Jenson Pro y MT Bembo Book Pro)

Las letras de Griffo son la base de las letras antiguas, y las letras antiguas son las que la humanidad ha estado leyendo durante más tiempo. Su elegancia, color y legibilidad constituyeron un nuevo y alto estándar en la industria editorial de su tiempo.

A la par de la obra de Griffo y Manucio hubo otro alfabeto romano de gran calidad, el grabado hacia 1486 en Venecia por el alemán Erhard Ratdolt (1447-1528). Pero Ratdolt no tuvo en su época la difusión que tuvo Griffo bajo el sello de la imprenta aldina. No obstante esa difusión Aldo nunca reconoció oficialmente la autoría de Francesco sobre las letras, asunto que originó el distanciamiento entre ambos.[9]

Existen varios revivals digitales de la obra de Francesco: Aetna de Jack Yan, Griffo Classico de Franko Luin, o la Bitstream Aldine 401. Charles Bigelow y Jonathan Seybold[10] han comparado cuatro sucesivos intentos de rescate de Griffo: en 1923 la Monotype produjo Poliphilus: una copia literal de impresos de Aldo que reproducía vanamente los bordes erosionados de las letras. En 1929 Stanley Morison entusiasmó a la compañía con la idea de Bembo, basada en el tipo de Griffo para De Aetna. El resultado fue mejor, se neutralizaron las erosiones e irregularidades propias de la impresión original. Quizás como un experimento, al año siguiente Morison invita al gran impresor alemán Giovanni Mardersteig (1892-1977) a realizar un nuevo rescate del tipo de De Aetna, pero esta vez los punzones serían grabados a mano por el talentoso Charles Malin. Después de seis meses de trabajo conjunto el resultado (llamado Griffo) estuvo mucho más cerca del original. Finalmente en 1955 Mardersteig realizaría Dante, su propia interpretación de Griffo, los punzones igualmente grabados por Malin. Un gran diseño que Mardersteig mismo utilizó profusamente en libros editados en su Officina Bodoni. La versión actual, MT Bembo Book Pro luce mucho más armónica en dibujo de curvas, modulación y color general.

a Facsimilar del tipo de Griffo usado en Hypnerotomachia Poliphili de F. Colonna (impreso por Manucio en 1499)
b 1929. Réplica literal de la Monotype, grabada a mano, reproduciendo el "ruido" original. Como tipo un desastre
c 1929. Rescate mecánico de la Monotype, ya limpio de las irregularidades del original, del tipo de Griffo usado en De Aetna de Pietro Bembo (1495). Un tipo muy exitoso desde entonces
d 1930, tipo Griffo, interpretación para composición manual (también a partir de De Aetna), de Giovanni Mardersteig con punzones de Charles Malin. Más sensible
e 1955, tipo Dante. Una interpretación libre de Mardersteig
f 2005. Bembo Book Pro, versión contemporánea de la Monotype

9   Luego de dejar a Aldo, Griffo regresa a Bolonia y graba punzones para el impresor Geronimo Soncino y para sí mismo. Pero desde 1518 su rastro se pierde. En una discusión con su yerno, Griffo le habría provocado la muerte clavándole un punzón o una lima en la frente. Se desconoce el final de la historia, no habiendo registro oficial que pruebe si fue ahorcado como pena por su delito. Giovanni Mardersteig es quien investigó vida y obra de Griffo a profundidad, y lo reflejó en un extenso artículo: "Aldo Manuzio e i caratteri di Francesco Griffo da Bologna".

10 Charles Bigelow y Jonathan Seybold, "Technology and the aesthetics of type – maintaining the tradition in the age of electronics", The Seybold Report, vol. 10, n. 24, 1981, p. 5.

NACEN LAS PRIMERAS ITÁLICAS

Manucio y Griffo colaron en plomo la primera tipografía itálica. Los libros resultaban excesivamente grandes cuando se componían en romanas, cuyo cuerpo rondaba los 16 puntos. Aldo deseaba un libro de bolsillo que resultara más atractivo a los compradores. Para ello Griffo hizo la nueva itálica basándose en una cursiva humanística estrecha y de poca inclinación, y le dio un cuerpo de unos 12 puntos. Sus capitales fueron las primeras "versalitas" de la historia, los ascendentes de minúsculas sobrepasaban largamente la altura de mayúsculas.

Hubo muchos ensayos y errores en el camino hacia una cursiva apropiada para lectura. Su cercanía con la caligrafía planteaba la dificultad de hasta dónde reproducir la conectividad natural de una escritura manual. Como comenta Updike[11] la tipografía itálica no fue verdaderamente exitosa entre los impresores hasta que no se independizó totalmente de sus orígenes caligráficos. Pero el nombre más importante en la búsqueda de una itálica fundida es sin duda el de Ludovico Vicentino degli Arrighi, el gran escriba del Vaticano. Para su propio manual de escritura de 1523 Vicentino "diseñó" una cursiva imitando su propia cancilleresca (grabada por un joyero de Perugia, Lautitio di Meo), y más tarde la perfeccionó en una segunda versión que ha sido de gran inspiración en la historia.

Segundo tipo itálico de Arrighi grabado por Lautitio c. 1523 (imagen: Donald Anderson, Calligraphy)

---

11   D.B. Updike, *Printing Types* (1922), p. 130 (de la cuarta edición: 2001).

EL REFINAMIENTO DE PARÍS Y LYON

Entre 1530 y 1600 tuvo lugar el período más rico y significativo de la historia de la producción tipográfica. Por ello no es casual que la literatura habitualmente se extienda sobre la escuela francesa, protagonista de esa edad de oro de las letras de imprenta. Basándose en el estilo aldino los franceses supieron refinar y acuñar el suyo propio, que fue la base para los diseños de siglos subsiguientes.

Los primeros impresores en Francia también fueron alemanes. La tradición cita al trío Freiburger, Gering, Kranz como los primeros. Contratados por La Sorbona hacia 1470 a instancias del progresista germano Juan Heynlin, ex-rector de la casa, los tres alemanes grabaron algunos tipos góticos con los que imprimieron varios clásicos para la universidad. A partir de 1472 se independizan bajo el célebre sello El Sol de Oro en la calle Saint Jacques, donde más tarde Ulrich Gering solo, graba unos tipos góticos romanizados muy bellos. (ver imagen 2).

En lo que toca a góticas vernáculas, en 1477 Pasquier Bonhomme funde en plomo la primera gótica bastarda, una letra cursiva inspirada en los manuscritos de época del Norte de Francia, que se asoció rápidamente al idioma francés como contrapunto de las góticas verticales, usadas para el latín.

Gótica Bastarda de Pasquier Bonhomme, París 1477 (imagen: Updike, Printing Types)

El uso de góticas vernáculas y el gusto por una profusa ornamentación en página, en manos de impresores como Tory, Du Pré, Le Rouge, Pigouchet, Vostre y Vérard, colocan muy alto la calidad y originalidad de los incunables franceses, no sólo provenientes de París sino también de Lyon.

Geofroy Tory (1480-1533) merece un párrafo especial en esta historia. Su famosa obra *Champfleury* o *Arte y ciencia de la verdadera proporcion de las letras*, publicada en 1529, tuvo una enorme influencia en la época. Como mencionamos más arriba obsesionaba a los renacentistas la idea de forzar la estructura de las letras a esquemas geométricos y su construcción a supuestos procedimientos algebraicos. Las ideas de Tory eran de un aún más poderoso sentido místico. Relacionó la proporción de 1/10 con Apolo y las nueve musas, y afirmaba que la diosa Io regía la construcción de todas las letras, por componerse su nombre (I - o) de los dos elementos básicos de un alfabeto mayúsculo. Pero la ingenuidad de estas asociaciones no debe empañar el gran valor del

Champfleury, tanto un estudio de la construcción de las mayúsculas como también un tratado de arte tipográfico que contribuyó a la consolidación de la gramática y ortografía francesas y afirmó la introducción de una estética clásica asociada a la letra romana en oposición a la gótica.[12]

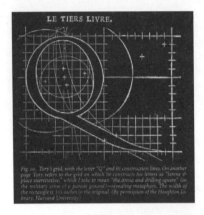  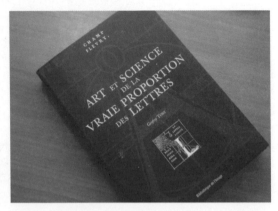

Edición facsimilar moderna de Champleury (1529). Detalles: mística subdivisión de Geoffroy Tory de la altura de mayúscula en 10 partes; y receta de diseño para la capital Q

Con París como nuevo centro económico pujante, los impresores y tipógrafos franceses del siglo XVI comienzan a aportar su propia visión a la tradición humanista. Simon de Coline (1480-1547) y Antoine Augereau (1490-1534) son importantes pues inician con sus ediciones un estilo francés característico. Claude Garamond (1490-1561, aprendiz de Augereau) es importante por ser el primero que se especializa en grabar punzones y fundir tipos de plomo para impresores, a la vez que por hacer una interpretación del estilo de Griffo con un sabor muy francés. Bajo la dirección artística del gran editor parisino Robert Estienne (1503-1559), autor de hermosas biblias y críticas de textos clásicos, Garamond graba una letra de una delicadeza más culinaria y lírica, pero sobria, autocontenida y bien proporcionada para libros. La letra de Garamond se convertiría con el tiempo en la más ubicua de la historia occidental. Es justo reconocer, a la par del trabajo de los creadores de tipos, la labor de quienes promovieron esos tipos. Así, Henri Estienne (padre de Robert) difundió en sus ediciones los tipos de Simon de Coline y Augereau, igual que Robert Estienne lo hizo con los tipos de Garamond. La letra de Garamond probablemente no habría llegado tan lejos sin el asesoramiento de Robert, ni tampoco sin la difusión que le dieron sus hermosas ediciones. Esa suerte de entusiasmo colectivo permitió acuñar en pocos años un estilo nacional característico.

LAS GARAMONDS

Justamente por ser Garamond la tipografía más revisitada, existe una gran variedad de versiones. Hay Garamonds muy respetuosas de la fuente original: en Garamond Premier, Robert Slimbach hace una interpretación refinada de los punzones (hoy en el museo Plantin-Moretus de Amberes) e inspirándose para las cursivas en el trabajo de Robert Granjon. Hay Garamonds que no lo son:

---

12 *Geogroy Tory, Champfleury, edición facsimilar de Bibliothèque de l'Image. El prefacio de Paul-Marie Grinevald, ex bibliotecario de la Imprenta Nacional de Francia, es lúcido y esclarecedor.*

la Monotype Garamond basada en los Caractères de l'Université diseñados por Jean Jannon, como demostró Beatrice Warde en 1926, y que constituyen la primera romana garalda barroca.[13]

Hay Garamonds de fuerte impronta cultural no-francesa: la versión Pop de Garamond que Tony Stan hizo en 1977 para la ITC, de tono alegre y despreocupado, muy distante del original. Por otro lado la germánica Garamond de Stempel de 1925, cuyos ángulos dramáticos evidencian la influencia gótica. La Linotype Sabon de 1967, interpretación igualmente germánica de un maduro Jan Tschichold, quien le da proporciones cuadradas e igualitarias a los caracteres[14]; y la revisita digital de Sabon: Sabon Next (2008), que la misma Linotype encargó al tipógrafo francés Jean-François Porchez y que recupera las proporciones, las especias, el sabor galo original.

Adobe Garamond Premier Pro, Robert Slimbach (2005)

CERhaegosu

Monotype Garamond (Jean Jannon, 1621. Reivindicado su origen por Beatrice Warde en 1955)

CERhaegosu

ITC Garamond, Tony Stan (1975), digitalizada por EF (1998)

CERhaegosu

Stempel Garamond

CERhaegosu

Linotype Sabon, Jan Tschichold (1967)

CERhaegosu

Linotype Sabon Next, Jean François Porchez (2004)

CERhaegosu

---

13   Paul Beaujon (seudónimo de Beatrice), "The 'Garamond' Types: A Study of XVI and XVII century sources", The Fleuron V (p. 131-179). La letra de Jannon (de 1621) tiene un nuevo vigor, un dinamismo e inquietud expresiva que es más característico del Barroco, y que se encuentra también en las itálicas de Robert Granjon.

14   El que redondas e itálicas ocuparan la misma caja de espacio se debía a una limitante de la teconología de linotipía que no permitía tener matrices de anchos independientes para un estilo y otro.

A otro punzonista y fundidor parisino, Pierre Haultin (1515-1597), debemos el primer diseño ligeramente condensado y de una caja de x más alta, una forma que se identificará más tarde como el "gusto holandés". En su línea más pragmática de pensamiento y con la idea de reducir el formato de las biblias –un protestante en un país católico debía prever una huida rápida–, Haultin grabará también la primera letra diminuta (cercano a los 6 pt), que sería la más pequeña por mucho tiempo.[15]

Tipo de Pierre Haultin usado por Plantin (Antidotarium... de Clusius, Amberes, 1561. Imagen: Smeijers, Counterpunch, p. 66)

EL MÁS GRANDE DE TODOS LOS PUNZONISTAS

Pero es sin duda Robert Granjon (1512-1590) la figura central de la tipografía renacentista, y quizás de toda la historia tipográfica europea. Su obra es la más prolífica, innovadora e influyente. Hijo del impresor parisino Jean Granjon, Robert publica algunos libros entre 1549 y 1562 y luego se entrega por completo al grabado de punzones. Vive en Lyon, París, Génova, Frankfurt, Amberes (donde graba punzones para Christophe Plantin), y finalmente en Roma trabajando para la Imprenta Vaticana donde termina sus días a la edad de 77 años.[16]

Su obra comprende 27 itálicas, 13 redondas, 7 civilités (basadas en la lírica caligrafía gótica de moda en el Norte de Europa), 9 alfabetos griegos, 12 orientales, 6 tipos para música y gran cantidad de arabescos, ornamentos, florones e iniciales. Según el historiador John Lane, fundidores de todos los países continuaron colando tipos de matrices granjonianas hasta fines del siglo XVIII.[17]

Granjon quiebra la tradición itálica aldina al introducir en 1543 las primeras mayúsculas inclinadas. Sus mayúsculas son también más pequeñas, y los trazos poseen ángulos dramáticos muy armoniosos.

---

15   En su libro Counterpunch *el holandés Fred Smeijers reivindica el protagonismo de Pierre Haultin, así como del belga Hendrik van den Keere, como dos grandes figuras de la tipografía neerlandesa. El libro describe varios aspectos del proceso de grabado de tipos y en particular el rol de los contrapunzones, punzones que se martillaban sobre punzones para obtener la contraforma.*

16   *Los tipos de un ya maduro Granjon embellecen las páginas del catálogo tipográfico del Vaticano,* The Type Specimen of the Vatican Press, *facsímil del original de 1628.*

17   Lane, Early Type Specimens, *p. 39.*

Granjon es el maestro del contrapunto. Por lo mismo sus cursivas son las más admiradas.[18] Galliard (1978) de Matthew Carter (1937), excelente interpretación del estilo de Granjon, es resultado de un estudio integral de toda su obra más que de un cuerpo tipográfico determinado.[19] Linotype Granjon, del sensible impresor inglés Georges Jones, es en realidad un bello revival de Garamond, habiendo equivocado sus fuentes. Y ya dicho, las itálicas de Granjon sirvieron de base para la cursiva de la Garamond Premier de Slimbach.

CERhaegosu

ITC Galliard, de Matthew Carter
(1981, versión digital Adobe 1990)

CERhaegosu

Cursiva basada en uno de los estilos de Robert Granjon: Adobe Garamond Premier Pro 2005, de Robert Slimbach

Hacia 1560 Christophe Plantin (1514-1589), refinado impresor francés, se instala en el centro cultural más importante del norte europeo, Amberes, donde ya florecía la industria del libro. A lo largo de su vida Plantin, apasionado por la tipografía, encargó y coleccionó tipos de los grandes diseñadores de letras (en su mayoría franceses), contribuyendo a diseminar estos diseños por todo el Norte de Europa. Su imprenta llegó a tener 22 establecimientos y se le cosidera el primer impresor en escala industrial. En el Museo Plantin-Moretus de Amberes se encuentra gran parte de su obra más todo el material tipográfico de Plantin y de sus descendientes.[20]

Además de Perre Haultin y de Robert Granjon, los franceses François Guyot, Guillaume I Le Bé y los herederos de Garamond, el flamenco Ameet Tavernier y el belga Hendrik van den Keere proveyeron de tipos a la imprenta de Christophe Plantin. François Guyot (?-1570), parisino de origen, vivió en Amberes entre 1540 y 1570, y grabó para Plantin unos tipos muy bellos que se usaron por toda Europa durante largo tiempo. Ameet Tavernier, de Bailleul (frontera norte con Bélgica) grabó punzones para la Officina Plantiniana

---

18 *Para las itálicas de Granjon consultar: Hendrik D. L. Vervliet, "The italics of Robert Granjon", en Typography Papers 3, p. 559; el artículo de A. F. Johnson, "The italic types of Robert Granjon" en A. F. Johnson,* Selected Essays on Books and Printing. *Sobre la obra ulterior de Granjon en Roma ver: introducción de Vervliet a la edición facsimilar del catálogo del Vaticano de 1628; y también H. D. L. Vervliet,* Cyrillic & Oriental Typography.

19 *Para conocer a fondo la obra de Matthew Carter: Margaret Re,* Typographically Speaking.

20 *Para el estudio de tipos antiguos resultan muy valiosos: Harry Carter & A. F. Johnson,* Type Specimen Facsimiles I *(TSF I), y H.D.L. Vervliet y Harry Carter,* Type Specimen Facsimiles II *(TSF II). El segundo volumen en particular para estudiar los tipos de la Officina Plantiniana.*

entre 1555 y 1561, incluida la primera itálica que habría utilizado Plantin. Sus redondas se asemejan a Garamond y sus itálicas posteriores a Granjon.

Hacia fines del siglo XVI con Amberes y Haarlem destacándose en producción editorial, comienza el momento de los Países Bajos, que representan un nuevo e intenso capítulo en la historia del diseño de tipos.

EL BARROCO HOLANDÉS: ECONOMÍA Y SENTIDO TEATRAL

La contribución neerlandesa a la historia de la tipografía es una de las más ricas y significativas, desde su edad de oro en el siglo XVII (Barroco) hasta la era digital desde fines del XX cuando La Haya se vuelve uno de los centros de producción y educación tipográficas más influyentes.[21]

La rica tradición antigua de la tipografía holandesa debe encontrarse en los acerbos de tres grandes casas: la Officina Plantiniana (ya mencionada), la casa Blaeu, notable por sus refinadas ediciones cartográficas, y la familia de los Elsevier o Elzevir, una dinastía de impresores de un siglo y medio.

Ya citamos a los diseñadores franceses a quienes Plantin encargó tipos. Durante unos 12 años trabajó asimismo para Plantin el talentoso Hendrik van den Keere (1540-1580, también conocido como Henri du Tour). Natural de Gante (Bélgica), Van den Keere grabó romanas y góticas (nunca itálicas) entre 1565 y 1580, y según Fred Smeijers[22] habría hecho la primera romana de cuerpo muy grande, usando para ello punzones de madera sobre matrices de arena. El estilo Van den Keere afirma una tradición holandesa de letras (ya iniciada con Haultin), bastante negras (influenciadas por las góticas), con ascendentes y descendentes más breves y altura de x más generosa, cualidades que habría solicitado el mismo Plantin para ahorrar espacio en sus libros.

La obra de Van den Keere representa una de las colecciones más importantes de la tipografía neerlandesa. Existen dos rescates significativos de la obra de Van den Keere: Renard (1992), realizado por Smeijers y publicado por Enschedé (su redonda es una interpretación delicada y con carácter, respetando el peso original, y su elegante cursiva es una total invención de Smeijers, al no existir fuentes cursivas originales de Van den Keere). El otro revival fino es DTL Van den Keere (1995) del diseñador holandés Frank Blokland, cuyas itálicas se basan en un tipo de François Guyot (c.1557).

CERhaegosu

DTL VandenKeere, del talentoso Frank Blokland (1995)

CERhaegosu

TEFF Renard, de Fred Smeijers (1993)

---

21   *Una referencia capital para estudiar la historia de la tipografía holandesa es el libro* Dutch Type *de Jan Middendorp. Por medio de breves capítulos cubre toda la historia del diseño neerlandés desde el s. XVII a la actualidad, con énfasis en el s. XX.*

22   *F. Smeijers,* Counterpunch, *p. 128.*

La imprenta de Guillermo y Juan Blaeu está asociada al nombre de un punzonista de Gouda, Nicolaes Briot, quien habría grabado unos tipos muy bellos para los textos que acompañaban sus afamados atlas. Estos atlas son los más hermosos, costosos y codiciados de todos los tiempos, sus mapas grabados en cobre y coloreados manualmente a la acuarela.[23]

La renombrada casa de los Elsevier o Elzevir (cuya reputación — sugiere Sem Hartz[24] — parece más el resultado de la repetición del apellido a lo largo de 150 años, que de la apreciación de su calidad más bien estándar) está asociada al nombre de otro talentoso grabador de tipos holandés, Christoffel van Dyck (1605-1669, también "van Dijck"). El estilo de Van Dyck afianza la línea holandesa iniciada por sus predecesores: el contraste entre trazos finos y gruesos es más pronunciado, como lo es el peso de las mayúsculas en relación a las minúsculas (una característica típica del Barroco), logrando un efecto más afilado, preciso y dramático.

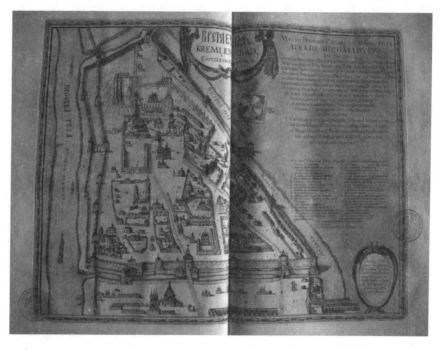

Mapa de "Kremlingrado" del célebre Atlas Mayor de Joan Blaeu, Amsterdam 1672. (volumen correspondiente a las "Partes orientales de Europa"). Gentileza Biblioteca Palafoxiana, Puebla, México

Los Elzevir publicaron muchos libros de bolsillo muy pequeños que alcanzaron gran popularidad. Esto hizo que a sus tipos se le llamaran de la misma forma, Elzevir, como se le llama hoy al estilo asociado mayormente a Christoffel van Dyck. Sin embargo los Elzevir utilizaron una gran variedad de tipos de diversa autoría y calidad. Los tipos de Van Dyck fueron muy admirados en Inglaterra, al punto que se convertirían en el modelo a seguir por William Caslon y sus contemporáneos, luego de la promoción favorable que les diera Joseph Moxon.[25]

De los revivals hechos de los tipos de Van Dyck destacan el de Monotype (versión en plomo a instancias de Stanley Morison en los años 20, y luego en

---

23   *La editorial alemana Taschen ha publicado selecciones muy accesibles de los 11 tomos del espectacular Atlas Maior de 1665 de Juan Blaeu.*

24   *Sem Hartz*, The Elseviers & their contemporaries, *p. 43.*

25   *Joseph Moxon,* Mechanick Exercises on the whole art of Printing *(1683-4, segunda reedición en 1962). Ver p. 25 (John Fell).*

fotocomposición y en digital con la pérdida de calidad esperable). Y el más reciente realizado por Gerard Daniëls para la Dutch Type Library, DTL Elzevir, una interpretación más personal para el entorno digital.

BARROCO TARDÍO Y MADUREZ TIPOGRÁFICA: NICOLÁS KIS
Para John Lane[26] Hendrik van den Keere, Nicolaes Briot y Christophel van Dyck grabaron los mejores tipos romanos de los Países Bajos y su obra formó el camino fundamental por donde transitó el estilo tipográfico neerlandés durante al menos un siglo.

CERhaegosu

DTL Elzevir, de Gerard Daniëls (1993)

Sin embargo el legado tipográfico holandés de la segunda mitad del siglo XVII está profundamente ligado al nombre de un impresor húngaro de importancia clave. Hacia 1680 Miklós Totfalusi Kis (o Nicolás Kis, 1650-1702), nacido en Transilvania, viajó a Amsterdam para encargar a Daniel Elsevier la impresión de la primera biblia en húngaro. Pero al llegar éste había muerto y Kis se dispuso a hacer el trabajo él mismo. En un lapso de sólo nueve años aprendió a fundir tipos (bajo la tutela de Dirk Voskens), estableció su propia imprenta, e imprimió su biblia y varios libros más, siempre empleando sus propios tipos, los cuales alcanzaron gran fama en toda Europa. Su trabajo permaneció velado bajo el nombre del fundidor holandés Anton Janson, quien incluyó tipos de Kis en uno de sus especímenes. En 1953 George Buday y Harry Carter revelaron que se trataba de la obra de Nicolás Kis.[27] Luego de su estancia en Amsterdam Kis regresa a Transilvania y se reinstala como impresor, aunque no obtiene el respeto de sus conacionales, y su obra es rescatada del olvido recién a mediados del siglo XX.

El estilo de Kis, de gran calidad y originalidad, es uno de los hitos capitales de la historia tipográfica europea, en particular sus itálicas. Por un lado es continuidad y síntesis refinada de los estilos precedentes: una letra más condensada y racional, más consciente de su economía. Pero por otro lado lleva una impronta propia más expresiva, más plástica, más ornamental, cualidades que más tarde caracterizarán a la tipografía de los países del Este europeo (Menhart, Preissig, Tyfa, Storm).

Ha habido varios revivals de Kis: en metal, Monotype Van Dijck y Monotype Ehrhardt (1938) han sido muy influyentes en el siglo XX. Y en digital, el dirigido por Adrian Frutiger para Linotype, Janson Text (1985), originalmente para fotocomposición, nos parece el más logrado de todos. Su peso mucho más ligero que el original está decidido en función de hábitos de lectura contemporáneos, pero su dibujo, espaciado y cualidades rítmicas son muy respetuosos del espíritu de Kis.

---

26   *John Lane,* The Enschedé type specimens of 1768 & 1773, *p. 27.*

27   *La biografía más completa de Kis es la obra del profesor húngaro György Haiman,* Nicholas Kis. *Es un valioso libro con buena información en tipografía del Barroco y acompañado de facsímiles de especímenes de Kis.*

CERhaegosu

LT Janson Text, rescate histórico dirigido por Adrian Frutiger (1985). Una de las tipografías más hermosas de la historia

EL DESAFÍO DEL ROCOCÓ: ACROBACIA PLÁSTICA CON MÁXIMA LEGIBILIDAD

En el siglo XVIII la grandeza editorial de los Países Bajos le pertenece a la casa Enschedé de Haarlem, para quien trabajaron dos grandes nombres de la tipografía: Fleischmann, exquisito grabador alemán, y Rosart, punzonista belga de menor reconocimiento pero de gran talento.

Joan Michael Fleischmann (1707-1768) era capaz de grabar las formas más acrobáticas en los cuerpos más diminutos. Grabó una redonda y una gótica en un cuerpo cercano a 4 pt. que fueron las más pequeñas de Europa en su tiempo. Los tipos de Fleischmann despliegan una profunda convicción ornamental, un gran sentido plástico, pero a la vez construyen palabras de excelente legibilidad. Este es un logro de la época, una especie de consciencia colectiva del Rococó, pues el trabajo del otro gran tipógrafo de la época, el parisino Pierre Simon Fournier (1712-1768), se acerca al mismo ideal de Fleischmann: por un lado una voluptuosidad refinada, por otro un compromiso con la economía y el sentido común. El Rococó representa una de las etapas más inquietantes y ricas de la historia del arte y de la tipografía.

Enschedé dejó constancia de su admiración por el talento de Fleischmann en las páginas del famoso catálogo de 1768, donde se acreditan todos los alfabetos tallados por él, la mayoría para texto, mientras aquellos grabados por su colega Jacques-François Rosart (1714-1777) fueron dejados sin firma. Rosart grabó los cuerpos display del catálogo, además de ornamentos, guardas decorativas, símbolos y viñetas. La propia competencia de Enschedé como casa de fundición obligó a Rosart a subastar todo su material en Haarlem y recomenzar en Bruselas donde publicó en 1768 un bello especimen.[28]

Basándose en la economía espacial de Fleischmann, Matthew Carter diseñó Fenway (1998) para la revista *Sports Illustrated*. Y del mismo modo Mercury (2005) de Hoefler y Frere-Jones, encargada por la revista *Esquire*, se inspira lejanamente en Fleischmann. El único rescate directo de la gran obra de Fleischmann es el del alemán Erhard Kaiser para la Dutch Type Library, que incluye estilos texto y display y es una de las pocas obras maestras en tipografía digital.

CERhaegosu

DTL Fleischmann, de Erhard Kaiser (1994). Una tipografía con fuerte consciencia decorativa y a la vez, enigmáticamente, de las más legibles en cuerpos pequeños

---

[28]   Fernand Baudin y Netty Hoeflake, The Type Specimen of Jacques-François Rosart.

Los diseños de Rosart no han sido más revisitados que los de Fleischmann. Hoefler y Frere-Jones declaran que su familia Mercury tiene igualmente influencias de Rosart, y William Addison Dwiggins se inspiró en Rosart para su bello tipo Stuyvesant, colado por Linotype en cuerpo 12 hacia 1949, aunque la semejanza con el original es indirecta. En cambio las mayúsculas sombreadas de Rosart del catálogo de Enschedé se han utilizado profusamente en composición en plomo.

El brillo de la escuela holandesa encontró gran admiración entre los impresores ingleses, quienes se dispondrán, ya bien entrado el siglo XVIII, primero a imitarla y luego a recrearla con sus propios argumentos.

EL PRAGMATISMO INGLÉS

Se reconoce a William Caxton (c.1420-1492) como el primer impresor de Inglaterra, establecido en Westminster hacia 1477. Sin embargo al contrario de lo que ocurrió en el continente, donde la fundición de tipos precedió al oficio de imprimir, en el Reino Unido sucedió lo opuesto. Los impresores ingleses debían adquirir sus tipos, matrices o punzones en Europa y no será hasta la llegada de William Caslon I en el siglo XVIII cuando esto se revertirá y Gran Bretaña comenzará a tener sus propias voces en tipografía.

Mientras tanto un personaje clave de la historia tipográfica británica es el ya citado (nota 25) Joseph Moxon (1627-1691), hidrógrafo del rey Carlos II, matemático y cartógrafo, autor de la obra *Mechanick Exercises* de 1683. Este libro ejerció mucha influencia en el medio en su época y además es uno de los raros escritos donde un impresor y fundidor de tipos explica los detalles de su oficio.[29]

Moxon dejó en claro en su libro que admiraba profundamente la obra de tipógrafos holandeses en particular la de Van Dyck. John Fell, obispo de la Universidad de Oxford, compartía este entusiasmo de Moxon por los tipos de Holanda y al momento de establecer su imprenta mandó comprar gran cantidad de punzones y matrices de fundiciones de Amsterdam, que legó a la universidad a su muerte. Esos punzones y matrices de Fell son los más antiguos que se hallan en Inglaterra y ejercieron una importante influencia en el desarrollo de la tipografía de ese país hasta la (saludable) llegada de John Baskerville.[30]

"CUANDO DUDES, USA CASLON"

El régimen de los Tudors acechó a la industria editorial inglesa a principios del siglo XVIII a través de duros impuestos y un oscuro sistema de amiguismos. Esta situación desventajosa para los impresores trajo consigo una profunda decadencia en la calidad de libros e impresos, siendo quizás la única excepción justamente la imprenta de la Universidad de Oxford que logró sostener su calidad tipográfica, en parte debido a que compraba sus tipos en el extranjero, sobre todo en Holanda.

En ese momento, propicio para la recuperación, llega William Caslon (1692-1766), un talentoso grabador de armas y de herramientas para encuadernación de libros, que es persuadido por su colega impresor John Watts a dedicarse a grabar letras. Watts consigue un préstamo de dinero para que Caslon se establezca como fundidor de tipos, cosa que Caslon inicia en 1720 y le trae rápida fama y fortuna. Sus tipos fueron bien recibidos por la industria local, no sólo

---

29   *El tipógrafo, punzonista y fundidor parisino Pierre Simon Fournier, creador del primer sistema tipométrico estándar, es otro de los autores clave: su gran obra Manuel Typographique (1764-66) fue reeditada por Harry Carter y James Mosley en 1995.*

30   *Para investigar más este tema: Harry Carter, The Fell Types, Oxford University Press/Typophiles. Y Stanley Morison, John Fell: The University Press and the Fell Types.*

por la precisión de sus letras cuya nitidez contribuyó a mejorar la calidad de impresión, sino porque, contando con un fundidor en casa, los impresores británicos ya no tendrían que adquirir los costosos tipos del continente. Hacia 1730 Caslon eclipsa a sus competidores y sus tipos se hacen famosos también fuera de Inglaterra, llegando a ser tan ubicuos que el edicto de Independencia de los Estados Unidos de 1776 fue compuesto en Caslon.[31]

La historia de la fundición Caslon es pormenorizada y comprende cinco generaciones durante 160 años.[32] Hijo de William, William Caslon II (1720-1778), aportó mayor calidad que su padre al diseño de tipos de la casa. Su hijo William Caslon III (1754-1833) introdujo el formato folio en los especímenes tipográficos. A partir de Henry Caslon II (hijo de Elizabeth Caslon, cuñada de William III), la casa se asocia con otras fundiciones. A su turno William Caslon IV (1780-1869) vende la fundición a Blake, Garnett, y en 1937 es adquirida por Stephenson, Blake.

De las decenas de rescates de Caslon vale destacar hoy tres digitales: la interpretación de Adobe realizado en 1990 por Carol Twombly (1959), quizás el más versátil y mejor adaptado a necesidades actuales. La display Big Caslon (1994), bella interpretación de Matthew Carter de los cuerpos grandes de Caslon. Y finalmente ITC Founder's Caslon, digitalización del inglés Justin Howes (1963-2005), una versión más apegada al original y que incluye cuerpos ópticos (12, 30, 42 y versión Poster).

Adobe Caslon Pro, de Carol Twombly (2000)

CERhaegosu

CC Big Caslon, de Matthew Carter (1994)

CERhaegosu

Founders Caslon, de Justin Howes (ITC 1995-98)

CERhaegosu

Otro nombre británico importante es el del escocés Alexander Wilson (1714-1786), dueño de la Glasgow type foundry, muy exitosa hacia 1756 en Escocia e Irlanda. Uno de los directores tipográficos de esa fundición, Miller, acuñó el estilo que hoy llamamos "escocés" (Scotch Roman) muy utilizado en prensa diaria. La familia Miller (1997) de Matthew Carter, junto a Tobias Frere-Jones y Cyrus Highsmith, es interpretación digital de ese estilo.

---

31   *Refiriéndose al grado de ubicuidad y universalidad de esta tipografía, el escritor irlandés George Bernard Shaw fue quien dijo la famosa frase: "Cuando dudes, usa Caslon".*

32   *Una buena referencia es Talbot B. Reed,* A History of the Old English Letter Foundries, *facsimilar de la edición de 1887.*

CERhaegosu

CC Miller, de Matthew Carter (1995)

BASKERVILLE Y LA PRIMERA TIPOGRAFÍA FEMENINA

John Baskerville (1706-1775) es uno de los nombres más significativos de la historia de la tipografía y su estilo es un mojón fundamental en el paso de las letras antiguas a las modernas. Desde 1720 ejerció en Birmingham como rotulador, grabador en piedra y profesor de caligrafía, y desde 1740 se dedicó al negocio del enlacado (Japanning) de muebles, adornos y vajillas, con lo que hizo fortuna en pocos años. Así, pudo dedicarse a lo que le apasionaba: perfeccionar todos los aspectos de la imprenta, empleando todas sus energías y ahorros en ello. Para él la calidad estaba asociada a la delicadeza y la precisión. Pero, para producir una letra delicada, que representaría el espíritu británico mucho mejor que la letra de su contemporáneo Caslon – apenas una copia del estilo holandés en boga –, halló que el principal problema era el papel, habitualmente demasiado artesanal, rugoso, grueso. Después de muchas pruebas Baskerville llegó a un papel de lino muy blanco, que luego de impreso se hacía pasar a través de dos rodillos de cobre muy calientes, obteniendo unas páginas delicadas, ligeras y muy lisas. En un papel delicado Baskerville pudo imprimir una letra delicada, de bordes afilados, la primera letra femenina de la historia, para la cual su colaborador John Handy grabó los punzones.

Siendo Baskerville un ateo es curioso que uno de sus primeros trabajos como impresor fuera una biblia, para la Universidad de Cambridge en 1758, una de las biblias más hermosas de la historia de Inglaterra. La reputación de Baskerville como diseñador de letras e impresor creció rápidamente, pero mucho más en el extranjero que en su propio país, donde nunca se le favoreció.[33] En París los Didot copiaron esta idea de un papel liso y tanto Firmin Didot en París como Giambattista Bodoni en Parma (Italia) diseñaron sus famosas letras modernas inspirados en la redonda de Baskerville.

En 1779 ya muerto Baskerville, su gran amigo el polémico dramaturgo francés Beaumarchais (autor de las obras *Las bodas de Fígaro* y *El barbero de Sevilla*), compró todo el material tipográfico de Baskerville para utilizarlo en la edición de las obras completas de Voltaire. Este material pasaría en Francia de una fundición a otra hasta llegar en 1953 a manos de Charles Peignot, director de la fundición Deberny & Peignot, quien en un gesto de amistad devolvería punzones y matrices (no sin antes hacer buenas copias) a la propia Universidad de Cambridge, el primer cliente importante de Baskerville.

Los rescates de la letra de Baskerville son numerosos y muy interesantes. Un plagio contemporáneo de la letra de Baskerville es la bella Fry Baskerville: publicada en 1764 por Joseph Fry (1728-1787) y grabada por el punzonista

---

[33] *La preferencia británica por los ya consagrados Caslon fue siempre superior, y en ello pudieron oficiar también ciertos prejuicios morales de la sociedad contra Baskerville. La señora Eaves, ama de llaves de la casa Baskerville, luego de enviudar se trasladó con sus cincos hijos a vivir a casa de John. Esto parece haber sido un obstáculo en la apreciación de la obra de Baskerville, y hubo que esperar 150 años después de su muerte para ser rescatado del olvido por Bruce Rogers. Más información en: F. E. Pardoe,* John Baskerville of Birmingham. Letter-Founder and Printer; *y en Josiah Henry Benton,* John Baskerville, Type-Founder and Printer.

Isaac Moore. Es una alternativa display hermosa, revivida en plomo en 1928 y en digital hace unos años. ITC New Baskerville (1978), de Matthew Carter, es un diseño respetuoso pero versátil y contemporáneo. Y en Mrs. Eaves, interpretación más personal y más robusta, la checa Zuzana Licko (1961) rescata a Baskerville homenajeando a Sara Eaves (ver nota 31).

CERhaegosu

BT Fry Baskerville, de Isaac Moore (1768), Bitstream (1999)

CERhaegosu

ITC New Baskerville, de Matthew Carter, 1978 (versión digital Adobe 1994)

CERhaegosu

Mrs. Eaves, de Zuzana Licko, 1996 (Emigre)

LOS ESPAÑOLES SIEMPRE PREFIRIERON LAS GÓTICAS

A diferencia de Inglaterra y Francia donde la imprenta se concentró en la capital, la imprenta española se distribuyó en un gran número de ciudades, ya que Madrid fue establecida capital recién en 1560. Sevilla, Alcalá de Henares, Salamanca, Madrid, Zaragoza, Valencia, Barcelona, Toledo, Valladolid, Burgos y Medina fueron las más importantes y cada una desarrolló preferencias gráficas particulares. De los primeros impresores en España, todos alemanes, Johannes Parix habría sido el primero en Segovia hacia 1472, y el segundo al año siguiente es Heinrich Botel en Barcelona y en Zaragoza. Hacia 1475 encontramos también en Zaragoza a Matthias Flander y Paul Hurus, y a Meinrad Ungut y Hans Pegnitzer en Granada hacia 1496.

La tradición española en materia de imprenta tipográfica es justamente reconocida por la calidad y personalidad de sus incunabulae. Se trata de bellos libros de páginas de fuerte densidad, con prominentes ilustraciones grabadas en madera, frecuentemente heráldicas o de caballeros, y casi en su totalidad compuestos en góticas rotundas. Si bien es cierto que los primeros libros españoles se hicieron con letras romanas, rápidamente quedó establecida la preferencia nacional por las góticas rotundas.

Los impresos de España nunca lograron influenciar a otras culturas europeas, pero su estilo es original e inconfundible. Un estilo marcadamente español en el siglo XV puede encontrarse en los impresos de la ciudad de Salamanca, en particular los de Antonio de Lebrija. Letras iniciales más elaboradas eran preferencia de los impresores de Sevilla, quienes también aportaron ornamentación arabesca. Zaragoza le prestó mayor atención a la ilustración de los libros aunque con clara influencia alemana.

Durante todo el siglo XVI los tipógrafos españoles desarrollaron un verdadero culto de las rotundas en sus ediciones, notablemente los impresos de los alemanes Cromberger en Sevilla, de Jorge Coci (también alemán) en Zaragoza y del francés Arnaldo Guillén de Brocar en Alcalá. Son casi siempre extranjeros llegados a España quienes contribuyeron a acuñar un estilo más decididamente "español".

Cuando la industria editorial ibérica comienza a adoptar los tipos humanistas (originados en Italia) de mano de los grandes punzonistas franceses del siglo XVI, lo hace sin entusiasmo y sus libros pierden aquella calidad y personalidad característica de los incunables.[34]

La famosa *Arithmetica* del gran calígrafo y matemático vasco Juan de Yciar es un interesante ejemplo de convivencia entre romanas y góticas rotundas, aunque ello sucede en muy pocas páginas (casi parece que Yciar utilizó una romana para justificar el empleo de los números, de buena factura humanística).

DECADENCIA Y RECUPERACIÓN DEL LIBRO ESPAÑOL

La pérdida de calidad en la producción de libros españoles hacia finales del s. XVII coincide con la misma decadencia en Alemania. Muy probablemente se debió a la equívoca política de Felipe II quien depositó en manos de la célebre Officina Plantiniana de Amberes toda la producción editorial de la corte española, dejando a los impresores y tipógrafos ibéricos sin mayor oportunidad.

La recuperación de la imprenta española sucede en el s. XVIII bajo el entusiasmo que Carlos III le infunde a la producción de la Imprenta Real, a la que estarán asociados nombres de talento y prestigio como Antonio Espinosa y Gerónimo Gil, ambos diseñadores de letra y fundidores de tipos que luego emigran a la Nueva España, y también otros como Eudaldo Pradell, Domingo Merlo y Francisco Rongel.

Cabe destacar los trabajos serios de rescate digital realizados recientemente por Mario Feliciano de Lisboa (Rongel y Merlo, basados en tipos del catálogo tipográfico de la Imprenta Real de 1799) y la Pradell del catalán Andreu Balius, diseños maduros y de reconocimiento internacional.

CERhaegosu

Tipo Rongel (1998-2004), rescate histórico de Mario Feliciano del trabajo del tipógrafo español Rongel (del catálogo de 1799 de punzones y matrices de la Imprenta Real, Madrid)

CERhaegosu

Pradell, de Andeu Balius (2001) es rescate de la obra del punzonista catalán de siglo XVIII Eudald Pradell

---

[34] Updike cita como excepción una bella biografía de un tal Cardenal Francisco Ximenez, de Alvar Gómez de Castro, impreso por Andrés de Angulo en Alcalá en 1569, que ofrece una textura, ritmo y belleza cercanos a las páginas humanísticas de Nicolas Jenson.

Del siglo XVIII se destacará en particular el trabajo del gran impresor Joaquín Ibarra, quien hará en 1780 una edición del Quijote que es quizás la más bella de todas, utilizando los punzones tallados a tal efecto por Gerónimo Gil. El alfabeto de Gil demuestra no sólo su gran talento como grabador de punzones, sino su criterio artístico ya maduro al amalgamar con naturalidad dos universos complejos: por un lado, los estilos vigentes del Barroco tardío holandés y francés (Fleischmann, Rosart, Fournier), y por otro un sabor decididamente español. El tipo de Gil para El Quijote es una muestra contundente de la alta calidad a la que la industria editorial española pudo aspirar en siglos precedentes y no pudo alcanzar por políticas oficiales desfavorables. Situación similar le ocurrió, como hemos visto, a la industria editorial inglesa bajo los Tudors (ver p. 38).

Detalle de El Quijote del impresor Joaquín Ibarra (1780), compuesto con los tipos de Gerónimo Gil

CERhaegosu

Tipo Geronimo, rescate histórico muy logrado de Mario Feliciano de los tipos de Gerónimo Gil (publicado por TEFF)

PRODUCCIÓN PORTUGUESA MODESTA

De acuerdo a Erich von Rath (1880-1948), Portugal tuvo su primera imprenta recién en 1490, aunque algunos citan como primer libro portugués un Pentateuco hebreo impreso en Faro en 1487. La producción inicial fue mayoritariamente de libros hebreos, debido a la persecución ejercida en España por la Inquisición. Braga, Oporto y Leiria son al parecer las primeras ciudades que contaron con imprentas, aunque la producción fue muy modesta. En Lisboa un impresor Rabbi Elieser lideró la producción de libros hebreos, al parecer secundados por un moravo, Valentín Fernández y un alemán, Nicolás el Sajón.

Por causa de una cerrada política colonial portuguesa, apegada a la idea de mantener la dependencia a través de la ignorancia cultural, la imprenta de tipos móviles llegó muy tarde a Brasil. Cuando en 1746 el tipógrafo portugués Antonio Isidoro de Fonseca instala una imprenta en Río de Janeiro, es inmediatamente confiscado y sus bienes quemados por orden real. Será en 1808 a raíz de las invasiones de Napoleón en Europa que la corte portuguesa se traslada a Brasil, abriendo comercialmente sus puertos y estableciendo para conveniencia de su regimen la Imprensa Régia.

LA ERA VICTORIANA Y LOS TIPOS PARA PUBLICIDAD

Las consecuencias de la Revolución Industrial en el campo de la tipografía fueron profundas y perennes, y se dejaron ver sobre todo en Inglaterra. La publicidad callejera comenzó a pedir letras muy grandes y atractivas para llamar la atención y persuadir a la compra. Patrimonio de la publicidad y del siglo XIX, nacen las ultra negras (fat faces, desde 1810), egipcias y grotescas (desde 1820), elongadas o expandidas (desde 1840), toscanas (de serifs bi o trifucados, revivals de inscripciones griegas del siglo II a.C.), letras huecas, sombreadas, tridimensionales, texturadas, y una variada serie de tipos decorativas. Algunas pocas surgieron en Francia y la casi totalidad en Inglaterra. Un siglo entero de producción tipográfica display generó cantidad de géneros e inflexiones estilísticas, diseños muy logrados y otros olvidables, tendencias pasajeras y especies perennes que siguen vigentes hoy.[35]

A menudo desacreditadas por académicos y estudiosos de la tipografía clásica o para lectura – ha sido frecuente en la historia esa tensión entre un universo y otro, como si fueran antagónicos –, las emocionales tipos display habitan desde entonces los catálogos tipográficos de todas las fundiciones y tecnologías, recordándonos que estas letras son imprescindibles también para resolver situaciones cotidianas universales: logotipos, carteles, letreros de negocios, mercados, menués, envases, portadas de libros, revistas y discos, anuncios publicitarios, pasacalles, gigantografías, titulares de prensa, la lista es naturalmente infinita.

De la producción tipográfica victoriana destaca la obra de Vincent Figgins (autor de dos especímenes notables, en 1801 y 1815, presunto inventor de las egipcias y recreador de las toscanas), de Edmund Fry (autor de *Pantographia*, exhaustiva recopilación de alfabetos de todo el globo publicada en 1799), y de Robert Thorne (inventor de las ultranegras o fat faces). Y también las firmas de fundición de William Caslon IV, de William Thorowgood, la "Blake, Garnett", la Stephenson (más tarde Blake & Stephenson), la Austin, la Wilson, la Bower & Bacon, Wood & Sharwoods, Miller & Richard, Besley, Marr, Reed & Fox. La efusiva búsqueda de novedad que caracteriza a la industria tipográfica decimonónica no se detiene, pero hacia el último cuarto del siglo la calidad decae notablemente y los diseños se entorpecen como producto de fusiones poco convincentes con el Art Nouveau y el movimiento medievalista de las Artes y Oficios.

A las variopintas y cargadas composiciones victorianas de fin de siglo, verdaderos catálogos tipográficos, van a oponerse a comienzos del siglo XX dos líneas de renovación importantes: de un lado las vanguardias modernistas del continente como el Constructivismo, De Stijl, la Bauhaus y la Nueva Tipografía, que abogarán por una tipografía radicalmente austera, despojada, paloseco. Y del otro una corriente neo-tradicionalista dirigida principalmente por Stanley Morison, asesor tipográfico de la inglesa Monotype, quien impulsará desde los años 20 un programa de revivals históricos muy influyente en la posteridad.[36]

---

[35] *El único volumen dedicado seriamente a la tipografía victoriana es la gran obra de Nicolete Gray* Nineteenth Century Ornamented Typefaces *(1938, reeditado en 1976), que comenta y muestra virtualmente todos las tipografías producidas durante el período.*

[36] *El texto* Classic revivals *que Christopher Burke hizo para la Monotype en 1993 es de valiosa ayuda. Por otro lado las investigaciones de Stanley Morison, Harry Carter, A. F. Johnson, John Dreyfus y James Mosley (todos ingleses) han sido capitales para revelarnos la historia de la tipografía.*

RADICALISMO ALEMÁN Y MODERNIDAD

El protagonismo germánico en los albores del tipo móvil regresa en un segundo momento clave en la historia de la tipografía a comienzos del siglo XX. De un lado, el surgimiento de los movimientos modernistas y sus alfabetos universales (Jan Tschichold con su *Nueva Tipografía*, la Futura de Paul Renner y propuestas de Josef Albers y Herbert Bayer entre otros), y del otro lado las proposiciones audaces tanto de "góticas modernistas" como de "latinas germánicas" de grandes diseñadores alemanes (como Ernst Schneidler, Emil Rudolf Weiss, George Trump, Herbert Thannhaeuser y también Paul Renner).[37]

Entre esos dos grandes momentos históricos, siglo XV y siglo XX, hubo muchos hitos tipográficos de valor en Alemania, pero fundamentalmente ligados a la tradición gótica, de la que no podemos ocuparnos aquí.[38]

TIPOGRAFÍA EUROPEA SIGLO XX: EL CASO HOLANDÉS

Como adelantamos al comienzo, de todas las culturas tipográficas importantes del siglo XX, imposible de abarcar aquí, hemos escogido trazar un panorama del caso que consideramos el más interesante de todos y que ha ejercido mayor influencia internacional en los últimos 20 años: el diseño holandés.

Luego de su edad de oro en el siglo XVII, aportes neerlandeses de importancia deben hallarse recién en la década de 1890, momento de gran resurgimiento artístico del libro, en coincidencia con los ideales medievalistas de William Morris y el Arts & Crafts en Inglaterra. La sensualidad del papel artesanal, la potencia del grabado en madera como ilustración y una ornamentación virtuosa, a veces asociada al Art Nouveau y a imágenes ideales de la naturaleza, fueron el centro de este movimiento. Más tarde este entusiasmo deriva en líneas muy distintas.

Por un lado, un grupo más apegado a la geometría, a las construcciones ortogonales, no lejos del Art Deco. A ella pertenece el notable diseñador Hendrik Wijdeveld (1885-1988) cuyo trabajo se inspira según Middendorp en la obra de J. L. M. Lauwerijks.[39] Wijdeveld realizó bellas construcciones tipográficas geométricas sobre todo en carteles y portadas de libros y revistas, y algunas propuestas experimentales de alfabetos geométricos bastante naíf. A este estilo, apegado a la estética de la escuela de arquitectura de Amsterdam, se le conoce también como Wendingen, también el nombre de una revista fundada por Wijdeveld.

Por otro lado las vanguardias europeas de los años 10 tienen su voz fiel en los Países Bajos con Piet Zwart (1885-1977) y Paul Schuitema (1897-1973), quienes adscribieron al modernismo de las composiciones asimétricas y dinámicas, los colores planos, los tipos paloseco, y el espacio blanco como elemento de diseño. Por su parte Theo van Doesburg funda su revista *De Stijl* (El Estilo) donde colaboran los artistas Vilmos Huszár, Bart van der Leck, Piet Mondrian y el arquitecto Gerrit Rietveld. Simpleza, objetividad, pretendida

---

37   Modern Typography *de Robin Kinross es el gran referente para comprender el movimiento moderno en tipografía.*

38   *La bibliografía sobre letras góticas es siempre interesante: un número de la revista* Scripsit *se consagró como catálogo de una gran exposición en Nueva York:* Calligraphic Tradition in Blackletter Type. *Compañero de ese catálogo es el libro* Blackletter: Type and National Identity *editado por Peter Bain y Paul Shaw, que Campgràfic editó en castellano:* La letra gótica. Tipo e identidad nacional. *Para entender a Jan Tschichold nada mejor que su libro* The New Typography. *Y* Paul Renner, maestro tipógrafo, *de Christopher Burke, resulta imprescindible para abordar los turbulentos cambios de la Alemania de principios del s. XX.*

39   *Jan Middendorp,* Dutch Type, *p. 68.*

universalidad fueron los elementos para alcanzar su ideal moderno. Los alfabetos geométricos de Van Doesburg son muy interesantes pues demuestran cómo aun con el corset de una retícula sin diagonales ni curvas puede alcanzarse un buen grado de expresividad.

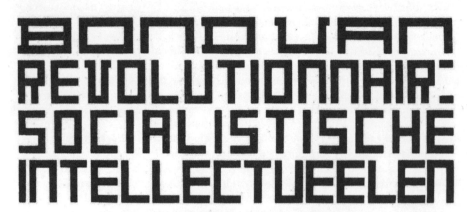

Logo diseñado en 1919 por Theo van Doesburg para la Liga de Intelectuales Socialistas Revolucionarios, usando letras de gran ingenio a pesar de la fuerte restricción geométrica. (Fuente Jan Middendorp, Dutch Type, p. 81)

Tipo Architype van Doesburg, interpretación de The Foundry, Londres 1996. (Fuente Jan Middendorp, Dutch Type, p. 81)

RESURGIMIENTO TIPOGRÁFICO HOLANDÉS: DE ROOS, VAN KRIMPEN, SEM HARTZ

Por otro lado desde principios de siglo se manifestó en Holanda un fuerte movimiento neo-tradicionalista en relación al libro y a la letra, manual y tipográfica. En esta línea se inscribe el trabajo de algunos diseñadores de libros como Alexander Stols, Charles Nypels y Jean François van Royen, y también el de dos grandes tipógrafos: S. H. de Roos y Jan van Krimpen.

Sjoerd Hendrik de Roos (1877-1962) es muy significativo pues marcó el surgimiento de varias generaciones de innovación tipográfica, tanto en diseño de alfabetos como de libros. Como consultor artístico en la fundición Amsterdam, desde 1907 De Roos produjo varios tipos, algo que en Holanda no ocurría desde los tiempos de Fleischmann. Su primer tipo para texto, Hollandse Mediaeval (1912), una letra extravagante y vagamente basada en Jenson, fue un gran éxito en la industria. De sus siguientes tipos destacan Zilvertype (1916), también inspirada en Jenson pero más sensible y mejor balanceada en peso y ritmo. Egmont (1935), una bodoniana muy ligera y caprichosa (descendentes muy breves y ascendentes larguísimos), y al parecer dibujada por su colega Dick Dooijes. En 1947 vino su romana más lograda, De Roos Romein, de espíritu más garaldo. Muchos de sus diseños se han digitalizado en diversas calidades.

Quince años menor que De Roos, Jan van Krimpen (1892-1958) recibió su influencia temprana pero luego consolidaría su propio estilo como tipógrafo, calígrafo y diseñador de tipos. Bautizado a menudo como "moderno tradicionalista", su primer tipo Lutetia (1925), encargo de la fundición Enschedé (rival de la Amsterdam) fue premiada en la exhibición de París ese año. Lutetia es una interpretación austera y fresca de un estilo clásico, algo muy moderno para su época. Van Krimpen basó su compañera itálica en su propia escritura manual, inspirada en los maestros calígrafos del s. XVI (una muy construida y nada espontánea caligrafía). La casa Enschedé contrató entonces a Van Krimpen como director artístico para supervisar la producción tipográfica y editorial.

Uno de los diseños más reconocidos de Van Krimpen es Romanée, una redonda que diseñó para emparejar con una itálica histórica (que Stanley Morison atribuía a Christoffel van Dyck). La pareja no funcionó, la interpretación de Van Krimpen fue demasiado moderna. Otro diseño famoso de Van Krimpen es Romulus, producida en conjunto por Monotype y Enschedé, y una de las primeras familias multi-estilo: redonda, itálica (por desgracia redonda inclinada en lugar de cursiva), una semi-bold y semi-bold condensada, una delicada cancilleresca con florituras alternativas, una griega (sin consciencia de la cursividad típica de una griega), cuatro pesos sanserif (con ojos muy cerrados en los pesos pesados) y unas capitales huecas (las más elegantes de Van Krimpen). La sensación general fue que reunía demasiados estilos diversos y no todos se publicaron.

Haarlemer (1938), un tipo encargado para una biblia, es ligeramente más libresca, pero sigue el estilo Van Krimpen, moderna y de bordes afilados. A Haarlemer le siguió Spectrum (1943), el diseño más difundido de Van Krimpen, igualmente concebida para biblia pero con mayor contraste. Una tercera tipografía para biblias, Sheldon (1947) le fue encargada por la Universidad de Oxford. Sheldon sigue la factura, contraste y ritmo de sus predecesoras pero con una caja de x muy alta y ascendentes y descendentes más breves.

Rescates de la obra de Van Krimpen han llegado con las dos fundiciones digitales más eminentes de Holanda: Dutch Type Library y Enschedé Font Foundry. DTL, dirigida por Frank Blokland, ha rescatado Haarlemer (1995, sumando una versión sanserif en 1996) y Romulus (2003). Mientras que por Enschedé, Peter M. Noordzij hizo un rescate de Romanée para un libro en 1995 pero el tipo aun sigue en proceso.[40]

CERhaegosu
CERhaegosu

Dos tipos de Jan van Krimpen:
DTL Romulus (rescate de Frank Blokland, 2003) y
MT Spectrum (versión digital Adobe 1992)

---

[40] *Además de* Dutch Type, *referencias valiosas para estudiar la obra de Van Krimpen son: John Dreyfus,* The Work of Jan van Krimpen; *el capítulo dedicado a Van Krimpen en Walter Tracy,* Letters of Credit; *y de la pluma de Van Krimpen:* On designing and devising type, A letter to Philip Hofer *(manuscrito de Van Krimpen) y el artículo "Typography in Holland" en* The Fleuron VII. *El primer texto en español sobre su obra será publicado por el Círculo de Tipógrafos de México.*

Sem Hartz (1912-1996), esgrimista, boxeador, cazador, falsificador, grabador y gran retratista, es quizás el más ingenioso y carismático de los diseñadores holandeses. Fue discípulo de Van Krimpen en Enschedé y como diseñador de tipos hizo dos trabajos notables: Emergo (c.1945, no publicada) y Juliana (1958), una romana moderna, fina y condensada pero muy dinámica, en la línea del tipo Joanna de Eric Gill. Juliana tuvo éxito en Inglaterra donde se empleó en algunos clásicos de Penguin, pero nunca se usó en Holanda. David Berlow de FontBureau publicó un digno rescate digital en 2009, con una itálica quizás demasiado peculiar.[41]

ROTULISMO SENSIBLE AL SERVICIO DEL LIBRO

Desde los años 50 Holanda ha mostrado una creciente sensibilidad en diseño. Willem Sandberg (1897-1984) brilló como diseñador de exposiciones y pronto fue el director del moderno Stedelijk Museum en Amsterdam, pionero en revolucionar el diseño museográfico. Pero donde más se notó el gen de diseño neerlandés fue en el ámbito del libro. No sólo sus interiores eran muy cuidados, también sus portadas se volvieron gran tema de diseño para toda una generación de artistas, calígrafos y diseñadores. En el ámbito del rotulismo de portadas de libros destacaron Henri Friedlaender, Gerrit Noordzij, Bertram Weihs, Hermanus Berserik, Jan Kuiper, R. D. E. Oxenaar (autor de hermosos billetes del florín, hoy reemplazado por el insípido Euro), el exquisito Helmut Salden, Susanne Heynemann, Theo Kurpershoek, Nicolaas Wijnberg y Boudewijn Ietswaart. Ietswaart (1936) es particularmente interesante para América Latina pues a principios de los años 60 trabajó en Ciudad de México, realizando una gran cantidad de portadas para Fondo de Cultura Económica y para la UNAM, que fueron muy influyentes en diseñadores locales.[42]

---

[41] *Curiosos en Sem Hartz deben acudir a:* S. L. Hartz dans le monde graphique *y en Mathieu Lommen,* letter-ontwerpers *(entrevistas a Dooijes, Hartz, Brand, De Does y Unger). Sem Hartz escribió* The Elseviers & their contemporaries; *y Bram de Does editó una hermosa compilación:* Sem Hartz. Essays.

[42] *Como parte de un homenaje a su obra en 2009 el Círculo de Tipógrafos rescató en forma de fuentes digitales una serie de alfabetos que Ietswaart dibujó para sus portadas. La serie de fuentes se llama Balduina y fue publicada por la firma FontShop. También hay un libro en preparación en colaboración con Jan Middendorp. Más información sobre este proyecto en el sitio www.circulodetipografos.org.*

CERhaegosu
CERhaegosu
CERhaegosu
CERhaegosu
CERhaegosu
CERhaegosu
CERhaegosu

Serie Balduina, diseño del Círculo de Tipógrafos de México en base a piezas de rotulismo para libros hechas en México por el diseñador holandés Boudewijn Ietswaart. De arriba abajo: Balduina Candida, Balduina Delicada, Balduina Discreta, Balduina Libre, Balduina Moderna, Balduina Real, Balduina Sincera

LOS PADRES DE LA TIPOGRAFÍA HOLANDESA CONTEMPORÁNEA
En el centro de la tradición modernista y la creación de alfabetos geométricos están Jurian Schrofer (1926-1990) y Win Crowel (1928), este último fundador de la emblemática agencia Total Design, muy admirada desde los años 70. Los alfabetos radicales de Crowel han sido publicados digitalmente por The Foundry de Londres. Mientras que en una línea más humanista y expresiva se encuentran Anthon Beeke (1940), Piet Schreuders (1951), Joost Swarte (1947) y Martin Kaye (1932) cuyos trabajos vale la pena conocer. Sin embargo en materia de diseño de tipografías de alta calidad hay que citar otros nombres: Chris Brand, Bram de Does, Gerard Unger y Gerrit Noordzij. Existe mucha literatura sobre la obra de estos cuatro diseñadores, padres de la tipografía contemporánea neerlandesa.

Chris Brand (1921), diseñador, autor y apasionado maestro de caligrafía y tipografía, ha diseñado excelentes alfabetos pero sólo uno ha sido distribuido públicamente: Albertina, su obra más conocida.

Publicada por Monotype a mediados de los 60 para fotocomposición y luego digitalizada por DTL, Albertina fue escogida en 1998 como tipo corporativa de la Unión Europea. Entre los años 80 y 90 Brand diseñó varios alfabetos interesantes, no publicados.[43]

Bram de Does (1934) es a menudo y con justicia citado como el diseñador más perfeccionista. Sólo diseñó dos alfabetos en su vida pero ambos son de una belleza y perfección inigualables. Refinado diseñador de libros, violinista pero sobre todo apasionado horticultor, Bram de Does trabajó como componedor de páginas en plomo durante 20 años para Enschedé. Sus dos diseños de tipos surgieron como encargos específicos. El primero, Trinité, es una hermosa tipografía humanista ejecutada con total austeridad, lo que le da un aspecto a la vez clásico y contemporáneo. Sus astas verticales están casi imperceptiblemente inclinadas hacia adelante, y sus mayúsculas están bellamente "minusculizadas" por medio de serifs orgánicos bien asimétricos. En cuanto a alturas de ascendentes y descendentes la redonda posee tres variantes de estilo y la cursiva cuatro. Trinité fue publicada para fotocomposición por Autologic en 1982, y diez años más tarde como Postscript por The Enschedé Font Foundry (TEFF). El segundo diseño de De Does es Lexicon, creada para un diccionario y publicada por TEFF en 1995. La familia entera se divide en dos variantes, con extensiones largas para libros o situaciones de lectura relajada y extensiones breves para restringir al máximo la interlínea.[44]

CERhaegosu
CERhaegosu

Los dos diseños de Bram de Does: TEFF Lexicon (1992) y TEFF Trinité (1991)

Gerard Unger (1942), uno de los diseñadores de tipos más reconocidos internacionalmente, es también uno de los holandeses más prolíficos. Desde muy joven su interés particular ha sido la legibilidad. Eso lo llevó a mucha experimentación, desde dispositivos de baja resolución en pantalla a calidad de impresión de periódicos. Las tipografías para prensa diaria de Unger han sido de las más exitosas del mercado. Diseñó Demos (1976) para que funcione en pantallas de rayos catódicos. Más tarde Praxis, versión romana, y Flora, una sans humanista cursiva puesta derecha. En 1983 vio la luz Hollander, una interpretación moderna (a lo Van Krimpen) de los tipos de Christoffel van Dyck

---

43   Ver Dutch Type, p. 144-149.
44   *Para explorar en profundo el universo Bram de Does es preciso ver: Mathieu Lommen (editor),* Bram de Does, typographer & type designer. *En* Dutch Type *Middendorp le dedica ocho páginas. También los especímenes:* Trinité 1, 2, 3 *(con un buen texto de De Does), y* Lexicon *(bellamente diseñado). Existe un documental sobre Bram de Does titulado* Systemtisch slordig *("Sistemáticamente desprolijo") hecho para televisión en 2003.*

(o Dirk Voskens). Desde entonces Unger ha probado diversas "musculaturas" sobre una estructura ósea común, una "forma Unger": caja de x muy alta y más bien condensada, arcos muy horizontales, serifs de base largos y/o robustos, contraformas internas abiertas y francas. Unger sigue la inquietante "fórmula M" de su admirado ilustrador, tipógrafo, diseñador de libros y marionetista norteamericano William Addison Dwiggins.[45]

Swift (1985) fue el primer diseño de Unger muy exitoso en diarios (una Swift 2.0 salió en los 90). Sus robustos serifs trapezoidales afianzan enfáticamente la base de la línea de texto. Eso sumado a que los glifos son muy "horizontales" (arcos horizontalizados y contraformas abiertas), tienen el efecto de compactar las palabras, lo cual permite reducir el espacio interlínea sin pérdida dramática de legibilidad. A Swift le siguieron dos publicadas por Bitstream: Amerigo (1986), con serifs incisos tipo pantalones años 60, con el objetivo de enfatizar el efecto epigráfico que Optima (de Hermann Zapf) perdía en la erosión de las impresoras láser; y Oranda (1987), una egipcia también para baja resolución. En 1993 sale Gulliver, según Unger "la tipografía para periódicos más económica del mundo". Con su típica anatomía austera y de contraformas francas Gulliver horizontaliza al máximo los arcos, de modo que puede condensarse artificialmente sin perder mucha integridad. Esto permite ahorrar espacio horizontal (14% más que Times New Roman, dice Unger). El periódico norteamericano USA Today adoptó Gulliver en su rediseño del 2000. En 1997 DTL publicó Paradox, de rasgos ligeramente bodonianos. Y en 2000 Coranto, una letra para prensa más elegante y refinada, con la idea de que los estándares de impresión de diarios han mejorado mucho en los últimos años. El Vaticano le encargó a Unger una tipografía para el Jubileo del 2000: Capitolium. En ella Unger se inspiró en la obra del sensible calígrafo del s. XVI Giovan Francesco Cresci. El diseño nunca se aplicó, pero más tarde Unger lo adaptó para prensa: Capitolium News. Uno de sus últimos diseños es Vesta (2001), una sanserif con las proporciones de Gulliver.[46]

CERhaegosu

CERhaegosu

Dos tipos de Gerard Unger muy exitosos en prensa diaria:
Swift (NuSwift, 1995) y Gulliver (1994)

---

45   *En su artículo "Experimental n.223, a newspaper typeface by W.A. Dwiggins" Unger explica la "fórmula M" de WAD. Para conocer mejor la obra de Dwiggins consultar:* WAD to RR a letter about designing type; *y los dos preciosos volúmenes* Postscripts on Dwiggins *editados por The Typophiles.*

46   *Unger distribuye sus propias tipografías en www.gerardunger.com. Y su libro* While you are reading *ha sido recientemente editado por Campgràfic como* ¿Qué ocurre mientras lees? Tipografía y legibilidad.

LA ERA DIGITAL Y LA ESCUELA DE LA HAYA

Tanto los diseños de libros como los alfabetos de Gerrit Noordzij (1931) son notables y han tenido mucha influencia en su tiempo. Pero lo que descolla en Noordzij es la agudeza de sus ideas teóricas en torno a la tipografía. Su breve libro *El trazo. Teoría de la Escritura* presenta parte de su pensamiento, audaz y lúcido.[47]

Como profesor Noordzij ha sido el alma mater de la maestría en diseño de tipografías de la Real Academia de Bellas Artes de La Haya, que desde 1970 ha dado a varias generaciones de diseñadores al medio internacional. Mencionamos algunos: Frank Blockland (propietario de Dutch Type Library que ha publicado los revivals más logrados de tipos holandeses antiguos, mencionados más arriba); Peter Matthias Noordzij (hijo de Gerrit, autor de la bella Cæcilia y director de Enschedé versión digital); Lucas de Groot (dueño de lucasfonts.com, diseñador de la multi-estilo Thesis, de Nebulae, Corpid, Spiegel y Taz); Petr van Blokland (diseñador de Proforma); Erick van Blokland y Just van Rossum (creadores de Letterror, el estudio tipográfico irreverente por excelencia, entre cuyos proyectos más audaces están Beowolf, Beosans, Federal y Twin); Lida Lopes Cardozo (excepcional grabadora epigráfica, discípula de David Kindersley, a su vez alumno de Eric Gill); Gerard Daniëls (autor de Caspari y Elzevir, ambas de DTL); Peter Verheul (Versa y Versa Sans, de OurType; Newberlin y Sheriff, ambas de FontFont).[48]

CERhaegosu

Cæcilia, de Peter Matthias Noordzij (LT-Hell 1981, Adobe 1991)

CERhaegosu

Thesis, de Lucas de Groot (1994)

CERhaegosu

Proforma, de Peter van Blockland (1994, FontBureau)

Hay también varios diseñadores talentosos no ligados a La Haya. Uno de los más destacados es Fred Smeijers, autor del libro *Counterpunch* y de la familia Renard, rescate de la obra de Hendrik van den Keere. Su sello Ourtype ha publicado tipos notables como Arnhem, Eva, Fresco, Parry, Versa. El colectivo Underware (compuesto por el alemán Akiem Helmling, el holandés Bas Jacobs y el finés Sami Kortemäki) ha editado tipos de mucha originalidad como Dolly, Sauna, Bello, Fakir. Y finalmente, fundado en La Haya por los eslovacos Peter & Joanna Bilak, está la fundición Typotheque, con familias de calidad como Fedra, Greta, Jigsaw y Klimax.

---

[47] La muy interesante colección de ensayos de Noordzij LetterLetter (2000) permite ahondar en sus teorías.

[48] El libro Haagse Letters ("Letras de La Haya") de 1996, refleja el entusiasmo de las primeras generaciones de alumnos de Noordzij.

Fresco, de Fred Smeijers (Ourtype, 2002)

CERhaegosu

Bello, de Underware (2004)

CERhaegosu

Fedra Sans, de Peter Bilak (2001, Typothèque)

CERhaegosu

Fedra Serif (A), de Peter Bilak (2001, Typothèque)

CERhaegosu

EL FUTURO

La notable diversidad de ideas y la alta calidad de sus propuestas han hecho de Holanda, desde hace muchos años, una de las tradiciones tipográficas más protagonistas de la escena internacional. Muchos diseñadores de tipos latinoamericanos de hecho la han tomado como referente inmediato. Pero es reconfortante ver cómo en los últimos años, con el acceso masivo a la tecnología digital, nuestra región ha comenzado a crear sus propias voces, las cuales están siendo muy bien oídas en el resto del globo. Ahora, con el surgimiento de programas académicos en América Latina para especializarse en diseño de alfabetos, las perspectivas de continuidad de este noble oficio invisible y su inserción en medios profesionales latinoamericanos, resultan prometedoras y halagüeñas.

EVOLUCIÓN DEL ESTILO ANTIGUO AL MODERNO

Del Quatrocento italiano a la Era Victoriana del siglo XIX, las formas de las letras evolucionaron desde su herencia caligráfica hacia una forma más independiente y geométrica, desde una forma más orgánica a una forma más sintética e intelectualizada. La modulación de trazos se va acentuando, y ascendentes y descendentes van perdiendo longitud.

1472 | Las antiguas venecianas están aun muy cerca de sus modelos amanuenses. Nicolás Jenson hizo una de las interpretaciones más bellas en este estilo (imagen: Monotype Centaur, un revival de Jenson hecho por Bruce Rogers, aún más caligráfico que el original).

1495 | Francesco Griffo da Bologna, el grabador de punzones del editor Aldo Manuzio, introdujo en sus tipos una nueva conciencia "escultórica", alejándose de la impronta caligráfica de las venecianas (Monotype Bembo, Stanley Morison y dibujantes de la Monotype).

1530 | Guiado por el gran editor Robert Estienne, Claude Garamond añadió un toque de hierbas y sofisticación francesa al modelo aldino, dándole así forma al estilo renacentista francés, que descolla por su sobriedad y su sentido de la mesura. (Adobe Garamond de Robert Slimbach).

1680 | El aporte de los Países Bajos en el siglo XVII es fundamental. El estilo barroco, más expresivo y vigoroso, de mayor peso y contraste y también más económico, inició con los tipos que Plantin encargó a Granjon y Haultin. Más tarde Miklós Kis, inmigrante húngaro en Amsterdam, logra la más bella interpretación del Barroco tardío (Linotype Janson Text, rescate dirigido por Adrian Frutiger).

1750 | John Baskerville aportó una nueva letra: delicada, precisa, afilada, templada, de buen contraste, reflejando el espíritu británico en su diseño. Las innovaciones de Baskerville en materia de imprenta, papel y tinta tuvieron consecuencias profundas en la evolución del oficio (ITC New Baskerville, de Matthew Carter).

1780 | Firmin Didot, miembro de la célebre familia de impresores parisinos, lleva la forma de Baskerville más lejos al diseñar el primer tipo moderno, con un gran contraste entre trazos gruesos y delgados, aunque con detalles muy orgánicos. En ese tipo se basará Giambattista Bodoni para diseñar el suyo propio, más geométrico y algebraico.

TEXTO VERSUS DISPLAY: CADA TIPO EN SU TAMAÑO

Una distinción muy útil sobre la anatomía de las letras es la que separa formas para texto de formas display. Las tipografías diseñadas para texto, es decir para lectura inmersiva, requieren cierta robustez para resistir la erosión propia de cuerpos pequeños. La prioridad de estos diseños es entonces la resistencia, la durabilidad. Son más anchas y más robustas, su contraste de trazos (si hay) es menor (los trazos delgados no pueden ser tan delgados), y en general. tienen contraformas francas y abiertas. Por el contrario, en las tipografías diseñadas para usos display (poco texto, cuerpos grandes) la prioridad es la elegancia. Típicamente títulos de una publicación, logotipos, envases, carteles, todo uso donde la lectura es muy breve y en general en cuerpos grandes. Las letras display suelen ser más estrechas para ahorrar espacio, tienen un mayor contraste entre trazos delgados y gruesos, y en general el dibujo es más delicado, todo lo cual acentúa el estilo.

Adobe Caslon (de Carol Twombly) es una típica forma para texto y Big Caslon (de Matthew carter) es una típica display. ITC Bodoni (dirigida por Sumner Stone) incluye 3 cuerpos (6, 12 y 72) y sus diferencias son más que evidentes.

Adobe Caslon CC Big Caslon
ITC Bodoni Six ITC Bodoni SeventyTwo Book

PRENSA *VERSUS* LITERATURA

Diferencias sutiles en la intimidad del dibujo tipográfico son responsables del "tono de voz" de un texto. Hay tipografías más apropiadas para prensa diaria, como oposición a tipografías más apropiadas para literatura. Swift y Mercury son tipografías diseñadas para diarios, mientras Garamond y Fleischmann se pensaron para libros. Para connotar objetividad, imparcialidad, distancia, el periodismo necesita una forma sucinta, simple, más geométrica, de contraformas francas y abiertas, y serifs sólidos. La literatura admite mayor expresividad, delicadeza, estilo. Esto se vincula también con los "tempos" de lectura: Garamond es para leerse en el sofá, Swift en el metro.

Swift, de Gerard Unger Adobe Garamond, de Robert Slimbach
Mercury de Hoefler y Frere-Jones, DTL Fleischmann, de Erhard Kaiser

REFERENCIAS

ANDERSON, Donald M. *Calligraphy. The Art of Written Forms*. Dover, NY 1969.

BAIN, Peter; SHAW, Paul. *Blackletter: Type and National Identity*, Princeton Architectural Press y Cooper Union, NY 1998. Edición castellana de Campgràfic: *La letra gótica. Tipo e identidad nacional.* València 2001.

BARDI, P.M., *História da Tipografia no Brasil*, Museu de Arte de São Paulo, 1979.

BEAUJON, Paul (seudónimo de Beatrice Warde), "The 'Garamond' Types: A Study of XVI and XVII century sources"*, The Fleuron V* (p. 131-179).

BENNET, Paul (editor), *Postscripts on Dwiggins* (2 vols.), The Typophiles, NY 1960.

BIGELOW, Charles; SEYBOLD, Jonathan. "Technology and the aesthetics of type – maintaining the tradition in the age of electronics", *The Seybold Report*, vol. 10, n. 24, 1981.

BENTON, Josiah Henry. *John Baskerville, Type-Founder and Printer,* The Typophiles, NY 1944.

BERRY, John (editor), *Language Culture Type. International Type Design in the Age of Unicode*, ATypI / Graphis, NY 2002.

BLUMENTHAL, Joseph. *Bruce Rogers, a life in letters*, W. Thomas Taylor, Austin 1989.

BRINGHURST, Robert. *The Elements of Typographic Style*, Hartley & Marks, Vancouver 1997 (2ª edición, edición original: 1992. Edición castellana del Fondo de Cultura Económica en conjunto con Libraria: Bringhurst, Robert. *Los elementos del estilo tipográfico* (versión 3.1), Ciudad de México, 2008.

BURKE, Christopher; MONOTYPE, *Classic revivals (The Monotype Conference Exhibition 1992) – Back to basics (Stanley Morison and old face)*, Monotype Typography Ltd, Redhill & Chicago, 1993.

BURKE, Christopher. *Paul Renner, maestro tipógrafo*, Campgràfic, Valencia 2000.

CARTER , Harry. *A View of Early Typography, up to about 1600*. Hyphen Press, Londres 2002 (edición original: Imprenta de la Universidad de Oxford, 1969). La editorial española Ollero y Ramos lo tradujo al español: *Orígenes de la tipografía. Punzones, matrices y tipos de imprenta* (siglos XV y XVI), Madrid 1999.

CARTER, Harry (editor), *Sixteenth-Century French Typefounders: the Lé Bé Memorandum [Documents Typographiques Français III]*, André Jammes, París, 1967.

CARTER , Harry. *The Fell Types*, Oxford University Press/Typophiles, 1968.

CARTER, Harry; MOSLEY, James. *The Manuel Typographique of Pierre-Simon Fournier*. Together with Fournier on Typefounding (3 vols.), Technische Hochschule Darmstadt, 1995.

CARTER, Matthew. "Theories of Letterform Construction. Part 1", *Printing History Society Bulletin*, vol. 13/14, 1991/2, p. 3-16.

DREYFUS, John (editor general). ***Type Specimen Facsimiles I***. (Reproductions of Fifteenth Type Specimen Sheets issued between the Sixteenth and Eighteenth Centuries, accompanied by Notes manily derived from Researches of A. F. Johnson, Harry Carter, Matthew Carter, Netty Hoeflake, Mike Parker, with an Introduction of Stanley Morison). Bowes & Bowes, Putnam, Londres 1963.

DREYFUS, John (editor general). ***Type Specimen Facsimiles II***. (Reproductions of Christopher Plantin's Index Sive Specimen Characterum 1567 & Folio Specimen of c.1585, together with the Le Bé-Moretus Specimen c.1599, with annotations by Hendrik D. L. Vervliet and Harry Carter). University of Toronto Press, 1972.

DWIGGINS, William Addison. ***WAD to RR a letter about designing type***, Harvard College Library, 1940, Cambridge, EE.UU.

GOUDY, Frederic William. ***Goudy's Type Designs. His story and his specimens***, The Myriade Press, NY 1978 (segunda edición. Primera edición The Typophiles 1946).

GOUDY, Frederic William. ***Typologia. Studies in type design & type making with comments on the invention of typography, the first types, legibility and fine printing***, University of California Press, Berkeley & Los Angeles 1940.

GRAY, Nicolete. ***Nineteenth Century Ornamented Typefaces***, Faber & Faber, Londres, 1976 (edición original 1938).

HAIMAN, György. ***Nicholas Kis, a Hungarian punch-cutter and printer 1650-1702, the creator of the "Janson" type***, Jack W. Stauffacher y Greenwood Press, San Francisco 1983.

HARTZ, Sem. ***Essays,*** Spectatorpers (Bram de Does), Aartswoud (Holanda) 1992.

S.L. Hartz dans le monde graphique (memoria de exposición), Biblioteca Real Alberto Iro, Bruselas 1969.

HARTZ, S.L. , ***The Elseviers & their contemporaries, an illustrated commentary***. Elsevier, Amsterdam/Bruselas, 1955.

JOHNSON, Alfred Forbes. ***Selected Essays on Books and Printing***, editado por Percy Muir, Van Gendt, Amsterdam 1970.

JOHNSON, Alfred Forbes. ***Type Designs***. (3ª edición), André Deutsch. Norwich, 1966 (1ª edición 1934).

KINROSS, Robin. ***Modern Typography. An essay in critical history***, Hephen Press, 2004 (2ª edición. Primera edición: 1992).

KRIMPEN, Jan van. ***On designing and devising type***, The Typophiles, Haarlem 1957.

KRIMPEN, Jan van. ***A letter to Philip Hofer on certain problems connected with the mechanical cutting of punches. A facsimile reproduction with an introduction and commentary by John Dreyfus***, David R. Godine, Boston 1972.

LANE, John. ***Early Type Specimens in the Plantin-Moretus Museum***, Oak Knoll Press & The British Library, New Castle, 2004.

LANE, John. ***The Enschedé type specimens of 1768 & 1773***. Introduction and notes. Stichting Museum Enschedé, The Enschedé Font Foundry, y De Buitenkant, 1993.

LEWIS, Bernard. **Behind the type. The life story of Frederic W. Goudy (The Ethics and Aesthetics of Type and Typography by Frederic W. Goudy, 1938)**, Carnegie Institute of Technology, Pittsburgh 1941.

LOMMEN, Mathieu (editor). **Bram de Does, typographer & type designer**, De Buitenkant, Amsterdam 2003.

LOMMEN, Mathieu. **letter-ontwerpers** (entrevistas a Dick Dooijes, Sem Hartz, Chris Brand, Bram de Does y Gerard Unger) Enschedé en Zonen, Haarlem 1987.

LOMMEN, Mathieu; VERHEUL, Peter (editores). **Haagse Letters** ("Letras de La Haya"), De Buitenkant, Amsterdam 1996.

MARDERSTEIG, Giovanni. "Aldo Manuzio e i caratteri di Francesco Griffo da Bologna", en **Studi di Bibliografía e di Storia in Onore di Tammaro de Marinis**. Verona, 1964 (III, p. 105-147).

MARDERSTEIG, Giovanni. "Leon Battista Alberti e la rinascita del carattere lapidario romano nel Quatrocento", **Italia Medioevale e umanistica, 2**, 1959.

MIDDENDORP, Jan. **Dutch Type**, 010, Rotterdam 2004.

MORISON, Stanley. **John Fell: The University Press and the Fell Types**. Garland Publishing, NY y Londres, 1981.

MOSLEY, James. "Giovan Francesco Cresci and the Baroque Letter in Rome", **Typography Papers 6**, 2005, p. 115-155.

MOXON, Joseph. **Mechanick Exercises on the whole art of Printing** (1683-4). Segunda reedición, editada por Herbert David y Harry Carter, Dover, NY 1962.

NOORDZIJ, Gerrit. **LetterLetter. An inconsistent collection of tentative theories that do not claim any other authority than that of common sense**, Hartley & Marks, Vancouver 2000.

NOORDZIJ, Gerrit. **The Stroke, theory of writing,** Hyphen Press, Londres 2005. Traducción de Campgràfic: EL trazo. Teoría de la escritura. Teoría de la Escritura, Valencia 2008.

PARDOE, F. E. **John Baskervillle of Birmingham. Letter-Founder and Printer**, Frederick Muller, Londres 1975.

RE, Margaret. **Typographically Speaking. The art of Matthew Carter. With essays by Johanna Drucker and James Mosley**. Princeton Architectural Press, NY 2003.

REED, Talbot Baines. **A History of the Old English Letter Foundries**. Reimpresión de la edición de 1887, junto con: Edward Rowe Mores, **A Dissertation upon English typographical founders and founderies**, Thoemmes Press, Bristol (GB), 1996.

ROGERS, Bruce. **The Centaur Types**. The October House, Chicago 1949. Reimpresión de Purdue University Press, 1996.

SMEIJERS, Fred. **Counterpunch. Making type in the sixteenth century, designing typefaces now** (editado por Robin Kinross), Hyphen Press, Londres, 1997.

THIBAUDEAU, François. **La Lettre d'Imprimerie. Origine, Dévelopement, Classification** (2 vols.), Bureau de l'Édition, París 1921.

TORY, Geofroy. ***Champfleury (où Art et Science de la Vraie Proportion des Lettres)***, París 1529. Edición facsimilar de la Bibliothèque de l'Image, París 1998.

TSCHICHOLD, Jan. ***The New Typography. A handbook for modern designers***, University of California Press, Berkeley, 1998.

TRACY, Walter. ***Letters of Credit, a view of type design***, Gordon Fraser, Londres 1986.

UNGER, Gerard. "Experimental n. 223, a newspaper typeface, designed by W.A. Dwiggins", ***Quaerendo***, 9.4 (1981), p. 302-324.

UNGER, Gerard. ***While you're reading***, Mark Batty, NY 2007.

UPDIKE, Daniel Berkley. ***Printing Types. Their History, Forms, and Use***. 4ª edición. Oak Knoll Press & The British Library, 2001 (1ª edición 1922).

VERVLIET, Hendrik D.L. ***Cyrillic & Oriental Typography in Rome at the End of the Sixteenth Century: An Inquiry into the Later Worl of Robert Granjon*** (1578-90), Poltroon Press, Berkeley 1981.

VERVLIET, Hendrik D.L. ***The Type Specimen of the Vatican Press***, 1628. Facsimil con introducción y notas de H. D. L. Vervliet. Menno Hertzberger, Amsterdam, 1967.

PUBLICACIONES PERIÓDICAS DESTACADAS

Ars Typographica, 3 vols, 1918-1926 (de Frederic W. Goudy, vols. 2 y 3 editados por Douglas McMurtrie), NY. Reimpresa en 3 vols. por Greenwood Press, San Francisco 1970.

Progetto grafico, Milán (desde 2003)

The Dolphin 4 vols, 1933-1941. Editado por The Limited Editions Club, Nueva York. Reimpreso en 4 vols. por Greenwood Press, San Francisco 1971.

The Fleuron, anual, 7 vols, 1923-1930. Londres (I-IV) y Cambridge (V-VII), Gran Bretaña. Reimpreso en 5 vols. por Greenwood Press, San Francisco 1970.

TYPO Magazine, Praga (desde 2003)

Typography Papers, vols. 1-9, 1996-2009. Publicación periódica del Departamento de Tipografía de la Universidad de Reading, Inglaterra. Desde 2006 publicado por Hyphen Press, Londres.

TIPOGRAFÍA E IDENTIDAD LINGÜÍSTICA
MARINA GARONE GRAVIER

I. LA ESCRITA Y SU FUNCIÓN EN EL DESARROLLO SOCIAL

En el proceso de socialización que el hombre ha llevado a cabo a lo largo del tiempo contribuyeron los distintos sistemas de comunicación que generó en comunidad. La posibilidad de hacer referencia a cosas ausentes mediante signos le permitió la transmisión de sus experiencias individuales a un grupo mayor de personas, esfuerzo comunicativo que implicó una gran capacidad de abstracción, y desembocó en el establecimiento de los sistemas gráficos de registro. La importancia que tiene la invención de la escritura para la civilización consiste en que es un sistema de registro eficiente y preciso, que extiende las posibilidades de comunicación, la conservación de la memoria histórica y favorece la educación. La escritura podría definirse como un sistema de comunicación humana convencional por medio de marcas visibles; la escritura se sumó a la comunicación oral el canal visual, y se diversificaron los medios de expresión que el hombre poseía.

Las funciones y los campos de aplicación de la escritura son amplios y diversos ya que están ligados a las necesidades sociales de los distintos grupos humanos. Los medios materiales disponibles, los instrumentos y las técnicas de ejecución, también variados, han influido en la evolución de las formas de registro, y generaron una amplia gama de manifestaciones que va desde la escritura manual hasta la escritura electrónica, lo cual da como resultado que, al menos en un plano teórico, la posibilidad de escribir esté al alcance de todos.

Si la escritura es una forma de almacenamiento de información entonces todas las escrituras tienen el mismo valor y cada sociedad escoge un modo que le permite sobrevivir. Por lo tanto, el tipo de escritura que desarrolla o escoge una sociedad depende en gran medida del tipo de sociedad que es.

Algunos autores distinguen tipos de cultura escrita, distintos modos de usar textos y de extraer de ellos cosas que están determinadas por el contexto social.[1] La relación entre los pueblos y el uso de escritura se ha definido mediante diversos términos. Algunos textos antropológicos hacen la oposición entre *civilizados* y *primitivos*; se han usado también los términos *ahistóricos*, *preletrados*, *aletrados* y finalmente *ágrafos* para definir a los pueblos que carecen de escritura. Lamentablemente, dado que pertenecemos a una cultura que tiene escritura, terminamos por dar un sentido peyorativo a estos términos, pero hay que recordar que ningún criterio cultural aislado sirve para definir una cultura, por lo tanto la inexistencia de escritura en una sociedad no la hace menos desarrollada o inferior a otra. La escritura sigue, más que determina, los cambios en los hábitos de lenguaje de los pueblos y es un elemento cultural distinto del lenguaje, con origen e historia diferentes. Todas las ventajas y virtudes que he expresado contrastan con la opinión de algunos autores que piensan que la escritura ha traído cosas perjudiciales al hombre. En el diálogo platónico "Fedro o del amor" se cuenta cómo el dios egipcio Teut ofreció la escritura al rey Tamus. Ante la exposición de las virtudes del nuevo invento Tamus respondió:

> Padre de la escritura y entusiasmado con tu invención, le atribuyes todo lo contrario de sus efectos verdaderos. Ella no producirá sino olvido en las almas de los que la conozcan, haciéndola despreciar la memoria; fiados en este

---

[1] David Olson, *El mundo sobre papel. El impacto de la lectura y la escritura en la estructura del conocimiento*, Barcelona, Gedisa, 1998, Lea.

auxilio extraño abandonarán a caracteres materiales el cuidado de conservar los recuerdos, cuyo rastro habrá perdido su espíritu. Tú no has encontrado un medio de cultivar la memoria, sino de despertar reminiscencias, y das a tus discípulos la sombra de la ciencia y no la ciencia misma. Porque cuando vean que pueden aprender muchas cosas sin maestros, se tendrán ya por sabios, y no serán más que ignorantes, en su mayor parte, y falsos sabios insoportables en el comercio de la vida.[2]

Para Lévi-Strauss,[3] por otra parte, la escritura ha propiciado el sometimiento y la esclavitud.

Si queremos correlacionar la aparición de la escritura con otras características de la civilización, debemos buscar en otra parte. Uno de los fenómenos invariablemente presentes en la formación de las ciudades e imperios: la integración de un sistema político, es decir, de un considerable número de individuos, y la distribución de esos individuos en una jerarquía de castas y clase... Parece favorecer la explotación y no el esclarecimiento de la humanidad. [...] Si mi hipótesis es correcta, la función primaria de la escritura, como medio de comunicación, es facilitar la esclavitud de otros seres humanos. El uso de la escritura con fines desinteresados, y con vistas a satisfacer el espíritu en el campo de las ciencias y las artes, es un resultado secundario de su invención (y tal vez no sea sino una manera de reforzar, justificar o disimular su función primaria).

Esta perspectiva, suspicaz y pesimista, se podría contraponer a los efectos liberadores que la información escrita ha propiciado. Los manifiestos, políticos, religiosos y artísticos, que tuvieron difusión precisamente por estar escritos provocaron cismas religiosos, suscitaron enfrentamientos bélicos, previeron hallazgos científicos. ¿Cuántas veces en la historia la aparición de un documento escrito, al igual que un resto arqueológico, ha originado la relectura del pasado? Lo que está en juego al categorizar a la escritura como buena o mala es, en todo caso, el uso y el poder sobre ella ya que quien escribe puede contar las cosas a su modo, narrar la historia, y también puede dominar.

Las formas gráficas, que tuvieron originalmente una función mnemónica, se expresaron mediante una amplia gama de tipos de almacenamiento de la información: incisiones en barro, pinturas rupestres y marcas en piedra, madera y otros materiales presentes en el entorno del hombre primitivo. Los recursos mnemónicos sirven para la comunicación y retención de datos, y hasta cierto punto toda escritura es una forma de ayuda de la memoria. Estos recordatorios ocupan una posición intermedia entre la tradición oral y la escritura, siendo a menudo legibles sólo por intérpretes familiarizados con su propia herencia cultural y con métodos tradicionales de interpretación. Tales intérpretes ejercen un poder y una influencia considerables dentro de su comunidad, ya que tienen en sus manos la decisión de qué parte de la información almacenada debe ser develada, en qué momentos y a qué sectores de la sociedad. Muchas veces la interpretación depende de conocimientos complementarios transmitidos oralmente y guardados celosamente. El paso a una forma de escritura más sistemática y sintética desde el punto de vista gráfico y más apegado a la fonética se realizó probablemente en el campo de los signos mnemónicos.

---

2   Platón, "Fedro o del amor", en Diálogos, México, Porrúa, 1996, Sepan Cuantos 13, p. 657-657.
3   Claude Lévi-Strauss, Tristes trópicos, 1992, p.. 291-292.

LOS SISTEMAS DE ESCRITURA

En las clasificaciones de los tipos de escritura que se desarrollaron durante el siglo XIX y el comienzo del XX se encuentran estructuras explicativas evolucionistas con la reiterada presencia de algunas fases supuestamente obligadas:

1) una fase previa de la escritura, compuesta de medios mnemotécnicos (cordeles, nudos, fajas de conchas, muescas hechas en palos y tablillas), que aparentemente son sistemas para transcribir informaciones limitadas;
2) una fase pictográfica, con dibujos que evocan un objeto, idea o situación;
3) una fase ideográfica, con dibujos que se estandarizan y refieren a la palabra hablada y
4) la fase fonética, en la cual los elementos gráficos son referencia directa de la lengua hablada;

A su vez la fase fonética se subdivide en la silábica (a cada sílaba le corresponde un elemento gráfico) y la alfabética (a cada fonema le corresponde un elemento gráfico).

Como se ha considerado, tradicionalmente y con prejuicio, que el fin de la escritura es reproducir la lengua hablada, la cuarta fase muchas veces es entendida cómo la del máximo perfeccionamiento. Pero debemos desconfiar de este acomodo evolucionista ya que encierra una visión etnocéntrica.[5]

Caja de Tortuguero, 14 de octubre de 681 d. C., México. Caja de ofrendas diminuta, con 44 jeroglíficos que cuentan una historia que ofrece información importante acerca del sistema social maya[4].

LA ESCRITURA EN LOS PUEBLOS ÁGRAFOS

Uno de los puntos relevantes de la escritura es que vino a integrarse a los medios de comunicación con que contaba al hombre. Entre sus objetivos se encuentra el darle un marco material (visible) al habla, mediante un conjunto de signos que trascienden la comunicación oral.

Entre las consecuencias del uso de la escritura podemos mencionar la posibilidad de controlar la producción, ya que se pueden registrar los hechos de la actividad comercial (producción, distribución y venta de productos) y también se pueden establecer marcos legales para esa y otras actividades sociales. A la vez también se escriben textos religiosos; las religiones monoteístas más importantes, aunque no sólo éstas, tienen libros sagrados: el judaísmo con la Torah, el cristianismo con la Biblia y el islamismo con el Corán. Éstas religiones también son conocidas como las "culturas del libro".

---

4   Tomado de: http://www.wdl.org/es/item/2658/#regions=latin-america-and-the-caribbean&time_periods=500-1499&search_page=1&view_type=gallery.

5   *Geoffrey Sampson*, Sistemas de escritura: análisis lingüístico, *Barcelona, Gedisa, 1997.*

Por otro lado el uso de la escritura influye en la consciencia histórica de los pueblos, ya que permite el registro de sucesos y fijar así, materialmente, los hechos; éste es el caso de las genealogías, las crónicas de guerra, etc. De esta forma el registro no queda reservado a los sabios que los transmiten oralmente sino que, en principio, cualquiera puede acceder a él.

En los pueblos en que la adquisición de escritura fue posterior hay que hacer notar algunas características en el uso social de este medio de comunicación: no todos los miembros de la comunidad aprendían el código y por lo tanto el uso era restringido, igualmente que la adivinación o el ejercicio de la medicina. De todas maneras aunque muchos de los miembros de las comunidades no hacían uso de la escritura tenían un cierto contacto con esas prácticas por ejemplo en lo tocante a los trámites administrativos o gubernamentales, de hecho una de las primeras prácticas de escritura es la firma. También influye en ese uso restringido el manejo del poder o la intermediación por parte de personas autorizadas, sobre todo en culturas con una larga tradición mística o religiosa.

En la mayoría de los casos de grupos ágrafos que adoptan un sistema de escritura, la invención parece haber sido estimulada por la existencia de modelos fonéticos de escritura extranjeros. Algunas veces las invenciones fueron determinadas por un deseo de imitar y de demostrar una capacidad igual a la de los grupos foráneos generalmente dominadores. Este hecho se manifiesta, por ejemplo, en que la gran mayoría de los sistemas se basan en el alfabeto latino.[6]

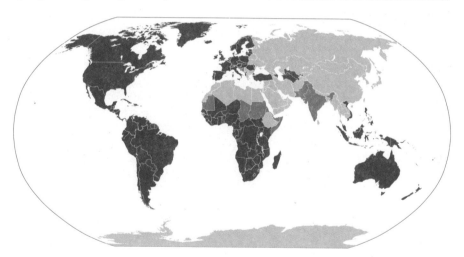

Distribución del uso del alfabeto latino en el mundo[6]

6   *Tomado de http://upload.wikimedia.org/wikipedia/commons/f/f4/Latin_alphabet_world_distribution.svg*

2. TIPOGRAFÍA COLONIAL PARA LENGUAS INDÍGENAS

La elaboración de textos en lenguas indígenas fue una de las primeras preocupaciones de los misioneros y funcionarios de la administración colonial y, al mismo tiempo, fue el motivo principal que impulsó la llegada y difusión del arte tipográfico en el Nuevo Mundo. La producción editorial en idiomas autóctonos tuvo varios retos específicos: el paso de lo oral a lo escrito en clave alfabética;[7] el celoso marco legal y administrativo que la Iglesia Católica y la Corona de España y Portugal impusieron a la reproducción y circulación de textos e imágenes en estas latitudes y las limitaciones tipográficas para emprender esos proyectos en suelo americano. Como resultado de la interacción de los factores mencionados, surgió una rica cultura impresa colonial en lenguas indígenas, con particularidades estéticas en cada uno de los virreinatos norteamericanos.[8]

Esos libros, pliegos y estampas forman parte de la historia visual norteamericana, pero su magnitud y características aún nos es desconocida en amplia

---

[7] *Este asunto ha sido desarrollado por mi en el ensayo "El Códice Florentino y el diseño de libros en el contexto indígena",* Colors Between Two Worlds, *The Harvard University Center for Italian Renaissance Studies; Kunsthistorisches Institut in Florenz y Max-Planck-Institut, 2011.*

[8] *El amplísimo territorio norteamericano se organizó políticamente en virreinatos, capitanías y presidencias, en cada uno de los cuáles hubo una diferente composición étnica y lingüística. Las fechas de formación de los virreinatos fueron las siguientes: Virreinato de Nueva España: 1535 (comprendía México, Centroamérica y Sur de EE.UU.); Virreinato del Perú: 1543 (Bolivia, Perú; parte de Colombia, Ecuador, Chile y Argentina); Virreinato de Nueva Granada: 1717 (Panamá, Venezuela, Colombia y Ecuador); Virreinato del Río de la Plata: 1776 (Argentina, Paraguay, Uruguay; parte de Bolivia, Brasil y Chile); Capitanía general de Guatemala (1540); Capitanía general de Chile; Presidencia de Quito (1563 y 1717, subordinada al Perú y luego entre 1723 y 1822 a Nueva Granada) y Presidencia de Charcas.*

medida. Las preferencias y elecciones formales, las condicionantes técnicas y materiales, y el marco legal, social y cultural en que se desarrollaron dichas obras influyeron en la difusión, conservación y, en algunos casos, el silenciamiento de las culturas nativas. Esos factores han tenido impacto también en la escritura, la visualidad y la estética de sus lenguas y por lo tanto en la pervivencia de sus relatos e historias. Hasta la actualidad no se han podido establecer de forma definitiva los alfabetos prácticos –los del uso diario– de gran parte de las lenguas norteamericanas, y las variaciones gráficas que proponen los indígenas, los diversos autores y estudiosos dificultan la producción textual de diversa naturaleza en esos idiomas.

El encuentro de dos mundos, resultado de la expansión, geográfica, religiosa y comercial de Europa, a fines del siglo XV y el XVI, se dio casi de forma simultánea al surgimiento y difusión de la tipografía y la imprenta en el viejo continente. En el estudio de la cultura impresa norteamericanas se deben considerar las ideas europeas sobre la lengua y la escritura, ya que es a partir del siglo XVI cuando surge con gran fuerza en los debates políticos y religiosos el antagonismo entre letrados y ágrafos, civilizados y bárbaros. La filosofía renacentista del lenguaje abarcaba tanto lo escrito como lo oral; sin embargo la escritura comenzó a ser un asunto de discusión política y religiosa cuando se produjo el contacto entre culturas con distintos sistemas de notación y formas de registro y comunicación. También conviene remarcar el estrecho vínculo que existía en la Europa del siglo XVI entre escritura e historia, ya que la concepción de "escritura y memoria histórica" estaba directamente vinculada con la transmisión alfabética de los textos y, de forma particular, con la materialidad del libro como entidad organizadora de conocimientos. Es en ese contexto de contacto cultural que la relación aparentemente causal entre la carencia de escritura y la barbarie apareció en los debates sobre América y la naturaleza del indio.[9] El encuentro de culturas con diferentes aproximaciones al tema de la lengua, la escritura y el registro del pasado determinó las políticas de control y la alteración de los sistemas de registro prehispánicos, transformó los hábitos de habla y escritura de las comunidades indígenas e influyó, en gran medida, en la producción de libros en lenguas indígenas.

LETRAS PARA EVANGELIZAR Y GOBERNAR

No es exagerado decir que la conquista y la evangelización en América giraron en entorno de las lenguas indígenas. Esto se puede entender en un sentido instrumental, dado que la lengua fue el vehículo de comunicación principal, y en un sentido antropológico y etnográfico, porque con ellas se estudiaron las estructuras sociales, mentales y culturales de los grupos nativos.

Los primeros que emprendieron el conocimiento del ámbito lingüístico norteamericano fueron los misioneros, para lo cual emplearon diversos métodos didácticos: el juego con los niños para aprender a pronunciar, la elaboración de diversas imágenes, los registros en clave mnemotécnica y pictográfica y, finalmente, la escritura alfabética.[10] El proceso de producción textual no fue fácil ni mecánico ya que en muchos casos los europeos que llegaron al Nuevo Mundo no contaban con experiencias lingüísticas previas suficientemente

---

[9] Algunos de los debates y discusiones se desarrollaron en mi trabajo "Nuevos retratos para las viejas palabras: libros novohispanos en lenguas indígenas", El libro y sus historias, Istor, Revista del Centro de Investigaciones y Desarrollo Económico (CIDE), México, año VIII, n. 31, invierno de 2007, p. 102-117.

[10] Un breve panorama de los sistemas de enseñanza desarrollados a partir del contacto cultural en el Nuevo Mundo se puede ver en Gloria Bravo Ahuja, Los materiales didácticos para la enseñanza del español a los indígenas mexicanos, México, El Colegio de México, 1977, 397 p. + anexos.

Códice Techialoyan de Cuajimalpa
Es uno de los códices Techialoyan, denominación genérica con que se conoce a un grupo de documentos producidos por el mismo equipo de personas en una amplia área del centro de México, principalmente entre 1685 y 1703. Texto y pictografía se complementan, y aparecen las firmas de los principales presentes. Los documentos indígenas se utilizaban como documentos probatorios de la antigüedad de los pueblos y la legítima posesión territorial. Muchos de estos documentos están escritos con tinta de origen europeo y en lengua náhuatl, escrita con caracteres latinos con letra grande y poco refinada, a menudo sobre papel amate.
Archivo General de la Nación de México, Colección Tierras, volumen 3684, archivo 1, fojas 1-27.

útiles como para resolver las dificultades de transliteración fonológica de las lenguas norteamericanas.[11] Para comprender a cabalidad la magnitud de esta empresa, debemos recordar que al momento del contacto cultural apenas aparecía en España la primera gramática de la lengua castellana, la de Antonio Nebrija, bajo el patrocinio de la reina Isabel de Castilla, y que algunas de las gramáticas norteamericanas precedieron a las de otras lenguas de Europa.

El fin último de los predicadores y gobernantes fue hacer entendible, reproducible y legible un marco completo de nuevas creencias, prácticas religiosas y administrativas, con el objeto de integrar a los indios a la cristiandad y sujetarlos a la autoridad peninsular. Sin embargo, las estrategias empleadas y diseñadas para tal fin no fueron usadas sólo por ellos.[12] Diversos grupos indígenas emplearon el alfabeto, las imágenes y los libros, en una palabra, lo escrito y lo impreso – para registrar y recordar sus propias historias, defender sus derechos patrimoniales y consolidar su poder ante los conquistadores y otras comunidades indígenas en pugna.[13]

---

[11] *Sobre este tema véanse: José Luis Suárez Roca,* Lingüística misionera española, *Oviedo, Pentalfa ediciones, 1992 y Klaus Zimmermann (ed.),* La descripción de las lenguas amerindias en la época colonial, *Frankfurt, & Madrid, Vervuet, 1997.*

[12] *Sobre las implicaciones de la apropiación de un nuevo sistema de registro véase: Giorgio Raimondo Cardona,* Antropología de la escritura, *Barcelona, Gedisa, 1999; Marcel Cohen,* La escritura y la psicología de los pueblos, *México, Siglo XXI, 1992; Jack Goody (comp.),* Cultura escrita en sociedades tradicionales, *Barcelona, Gedisa, 1996, y Jean Bottéro (et al),* Cultura, pensamiento, escritura, *Barcelona, Gedisa, 1995.*

[13] *Sobre los géneros escritos que se desarrollaron en algunas culturas de Mesoamérica durante la época prehispánica y colonial ver: Ignacio Betancourt Guzmán, Pilar Maynez y Ascensión Hernández (eds.),* De Historiografía Lingüística e Historia de las Lenguas, Actas del Primer Congreso de Historiografía Lingüística, *México, UNAM-Siglo XXI, México, 2004. Para el caso peruano ver la producción escrita de Guamán Poma de Ayala, estudiada por Rolena Adorno, Thomas Cummins y Mercedes López-Baralt, entre otros. Para el caso guaraní véase Ricardo González, (et. al.),* Una aproximación a la edición misionera de La diferencia entre lo temporal y eterno, *ponencia presentada en XII Jornadas Internacionales sobre las Misiones Jesuíticas: Interacción y sentidos de la conversion (Simposio IV: imagen, sonido, ritual y escritura), Buenos Aires, septiembre de 2008.*

EL MOSAICO LINGÜÍSTICO AMERICANO

Para los europeos no siempre fue fácil identificar las diferencias lingüísticas y étnicas con las que se encontraban a medida que avanzaban en su paso colonizador, pero de forma temprana notaron algunas distinciones por región y entre grupos humanos; lo relevante para ellos era el grado cultural de las tribus americanas, sus tradiciones, hábitos y creencias. Esto les permitió distinguir básicamente dos estadios culturales entre los indígenas:[14] el de los pueblos de la América Nuclear y el de los que vivían en la América Marginal, con una zona intermedia no siempre nítida. Esta distinción permite comprender algunas de las acciones que las autoridades coloniales llevaron a cabo en sociedades estabilizadas, sedentarias y que habitaban espacios urbanizados, en contraste con las acciones que se emprendieron con los grupos nomádicos, con economía de subsistencia que habitaban regiones distantes de los centros urbanizados.

La América Nuclear, también conocida como la de las "altas culturas," comprendía las áreas de Mesoamérica (zonas maya y azteca) y los Andes (principalmente la región incaica). Aquéllas eran culturas urbanas, con sociedad de clases organizadas jerárquicamente, con administración central, formas establecidas de educación y control político. Los grupos de estas culturas contaban con una estructura vertical de gobierno, un clero y un sistema de creencias y rituales muy elaborados. Las características de estos grupos facilitaron hasta cierto grado la acción de la Iglesia Católica y la administración colonial. Simplificando el panorama, podríamos decir que hubo un proceso de asimilación ideológica, ya que en mayor o menor medida se dio una sustitución de conceptos, prácticas y objetos materiales prehispánicos por otros de estructuras similares a los preexistentes pero de ascedencia europea. Evidentemente, éste no fue un proceso puro, absoluto ni lineal, y de él surgieron nuevas prácticas y nuevos objetos mestizos.

Aunque persiguiendo el mismo objetivo de control terrenal y espiritual, otros métodos e ideas debieron experimentarse con las etnias que habitaban las zonas de la América marginal. Un gran número de grupos indígenas nómadas estaban asentados en territorios tan disímiles como selvas, pantanos, desiertos o zonas montañosas. Precisamente por estas condiciones geográficas radicalmente distinta a las de los centros más urbanizados, las acciones adoptadas se orientaron a combatir la permanente dispersión de las tribus nómadas; la construcción de centros de evangelización en torno a capillas, las misiones o reducciones fue la posición que prevaleció, especialmente dentro de las órdenes jesuita y franciscana.

Sin embargo en ambas zonas, la Nuclear y la Marginal, el uso de los libros fue una constante, al tiempo que el conocimiento de la lengua y la fijación alfabética de los textos fueron práctica común para la mayor parte de las etnias americanas.[15]

---

14 *Paul Kirchhoff,* Mesoamérica: sus límites geográficos, composición étnica y caracteres, *2ª ed., México, Stylo, 1960; Eric Wolf,* Pueblos y culturas de mesoamérica; *traducción de Felipe Sarabia, 3ª ed., México, Era, 1975; y Harry Shapiro,* Hombre, cultura y sociedad, *México, FCE, 1975.*

15 *A manera de sintético resumen podemos decir que las lenguas más representativas de cada región de América Latina, durante el periodo colonial fueron las siguientes: a) Nueva España: náhuatl, purépecha, hñähñü, mixteco, zapotecano, lenguas hayenses, varias del norte del país, etc.; b) Perú: quechua y aymara; c) Río de la Plata: guaraní, lule-toconote, allentiac, quechua, toba, etc.; d) Nueva Granada: muisca y cumanagota y e) Capitanía general de Chile: mapudungun.*

Catecismo mexicano, de Ignacio Paredes (México, Imprenta de la Biblioteca Mexicana, 1758) Grabado de San Francisco Xavier evangelizando a niños indígenas

LA IMPRENTA EN AMÉRICA: ARRIBO Y DIFUSIÓN

No está de más recordar que América, y particularmente México, fue después del viejo continente, el primer lugar donde se estableció la imprenta, especialmente como auxiliar en las tareas misionales. La labor en los idiomas originarios de América fue abundante y rica en la Nueva España donde, hasta lo que se sabe y a diferencia de los virreinatos del Perú o el Río de la Plata, la producción se realizó enteramente en suelo americano.[16]

Los diversos intentos por dotar a las lenguas americanas de formas permanentes de registro escrito pronto se inclinaron por el uso del alfabeto latino. No todas las lenguas fueron igualmente "dóciles" en esta adecuación escrituraria en clave alfabética y por lo tanto no corrieron con la misma suerte en su producción impresa. Pero más allá de los cuestionamientos que se han realizado sobre la colonización de la escritura,[17] lo que es un hecho irrebatible es que, desde el siglo XVI y al igual que pasó con otras tecnologías europeas con las que entraron en contacto (las de siembra y crianza de ganado, las constructivas y artísticas, etc.), los indígenas incorporaron a sus tradiciones narrativas la escritura alfabética y los supuestos de la cultura impresa, lo que les permitió consignar diversas historias y textos propios.[18]

---

16   Ver las implicaciones de este argumento en Marina Garone Gravier, El libro en lenguas indígenas: un género editorial novohispano, en *Historia de la tipografía colonial para lenguas indígenas*, México, UNAM, 2009, Tesis doctoral.

17   Sobre estas discusiones ver: Walter D. Mignolo, On the Colonization of Amerindian Languages and Memories: Renaissance Theories of Writing and the Discontinuity of the Classical Tradition", *Comparative Studies in Society and History*, Vol. 34, n. 2 (Apr., 1992), p. 301-330, Cambridge University Press; *The darker side of the Renaissance: literacy, territoriality, and colonization*, Ann Arbor, University of Michigan, 1995, xxii + 426 p.; y Johanna Drucker, *The Alphabetic Labyrinth. The Letters in History and Imagination*, Londres, Thames and Hudson, 1995, 320 p.

18   No se quiere decir con esto que la adopción tecnológica, y en especial la vinculada con los registros escritos, fue homogénea, unidireccional y en todos los niveles sociales; ni tampoco que se dio en igual grado para todas las lenguas y grupos indígenas de América.

La imprenta americana mostró desde sus comienzos gran vitalidad y creatividad, que le permitió sortear los múltiples problemas derivados de los controles legales establecidos por la Corona y la Iglesia,[19] así como las limitaciones por el irregular abastecimiento de materias primas y enseres. Para dar un ejemplo, podemos decir que los tipos móviles con que envió el sevillano de origen alemán Juan Cronberger a su emisario Juan Pablos[20] no fueron ni los mejores ni los más nuevos, pero eso no le impidió al primer impresor de América producir las obras de los franciscanos Pedro de Gante, Maturino Gilberti o Alonso de Molina.

Durante el siglo XVI encontraremos poco más de una decena de diferentes talleres tipográficos en la Nueva España.[21] Dicho número de establecimientos aumentaría cuatro veces durante el siglo XVII y se mantendría estable en el XVIII, lo que nos indica, entre otras cosas, el incremento en la demanda editorial de impresos y la consolidación de la tipografía novohispana. Los géneros textuales que abordaron las imprentas mexicanas fueron desde lo religioso hasta lo científico, destacándose siempre por su complejidad en la producción de obras en lenguas indígenas.

Por contrapartida, para el caso peruano el número de imprentas durante el periodo colonial fue un poco más reducido que en México. Entre 1584 y 1619 sólo una prensa estaba en operación en Lima, primero a cargo de Antonio Ricardo que tras haber trabajado en la capital azteca fue el primer impresor sudamericano, y luego en manos de Francisco del Canto. En 1630 tres talleres funcionaron y entre 1630 y 1699 la lista creció a 15. Pero como no todos los impresores eran dueños de su taller, ese número no representa el total de establecimientos. Por ejemplo los impresores Calderón y Lasso trabajaron en el taller de Del Canto mientras éste estuvo preso por deudas, y Lira y Cabrera trabajaron en el convento de Santo Domingo. Por su parte, Jerónimo de Contreras fue el fundador de una dinastía que se inició en 1621 y trabajó activamente durante el XVII.[22] Para todo el periodo colonial, José Toribio Medina identifica en Lima 51 denominaciones tipográficas distintas;[23] en esos talleres se produjeron diversos textos y, aunque en una proporción menor que la novohispana, no faltaron las ediciones indígenas.[24]

---

19 *A partir del Concilio de Trento se generó un marco legal específico sobre cuestiones editoriales e iconográficas que será retomado y adecuado al ámbito americano en los Concilios de México y Lima.*

20 *Agustín Millares Carlo y Julián Calvo,* Juan Pablos, Primer impresor que a esta tierra vino, *México, Librería de M. Porrúa, 1953.*

21 *José Toribio Medina,* La imprenta en México, *México, UNAM, 1990, tomo I.*

22 *Más datos en José Toribio Medina,* La imprenta en Lima (1584-1824), *Santiago, Impreso y grabado en casa del autor, 1904-1907, vol. I.*

23 *Medina, op. cit, vol. I, p. XIX-LXX.*

24 *Pedro Guibovich,* The Printing Press in Colonial Peru: Production Process and Literary Categories in Lima, 1584–1699, *en* Colonial Latin American Review *10, n. 2 (2001): 173.*

Símbolo cathólico indiano, de fray Oré
(Lima, Antonio Ricardo, 1598)
Página interior

LA REPRESENTACIÓN TIPOGRÁFICA DE LAS LENGUAS COLONIALES

La producción tipográfica de textos para lenguas ágrafas o cuyo sistema de notación nativo no era el alfabeto latino implicó diversos grados de dificultad técnica y adecuación visual, en este sentido destacan las adaptaciones de letras, diacríticos y otros signos gráficos. Para ilustrar lo anterior podríamos traer a colación algunos ejemplos para mostrar la interacción entre tipografía y lengua, que nos permitirán comprender el contexto de la producción material de estas obras. Adaptaciones tipográficas vinculadas con la lengua se realizaron en suelo ibérico –como las innovaciones ortográficas de Gonzalo Korreas (Salamanca, Jacinto Tabernier, 1630– pero también se hicieron fuera de Europa.

Entre las adaptaciones realizadas en contexto colonial, podemos mencionar la *Doctrina cristiana en lengua española y tagala*, de fray Juan de Plascencia, impresa en Manila en 1593,[25] para la cual se desarrolló un abecedario ex profeso. Éste fue el primer libro escrito en lengua filipina. El texto, aprobado en 1582, fue revisado por el dominico Domingo de Nueva y Juan de San Pedro Martyr, quienes supervisaron además el grabado de las planchas de madera y la impresión hecha por un chino de nombre desconocido. El documento, que están en formato aproximada a 20 cm de altura, está impreso en tagalo y tipos góticos, en papel de origen chino muy delgado. Al comienzo de la edición viene

---

[25] Juan de Plascencia, Doctrina cristiana en lengua española y tagala, *Manila 1593, Rosenward Collection 1302, Biblioteca del Congreso de los Estados Unidos de Norteamérica. Un facsímil se publicó en 1947.*

el abecedario en castellano y el *ba be bi*, y después el silabario tagalo. El texto tiene tres versiones: en castellano, una transliteración del tagalo y, en tagalo, con los caracteres propios.

Otro tipo de ajuste tipográfico lo encontramos en la edición de la *Gramática en la lengua general del Nuevo Reyno llamada Mosca*, de fray Bernardo de Lugo, impresa en Madrid por Bernardino de Guzmán, en 1616. En esta obra en chibcha, idioma que se hablaba en el virreinato de Nueva Granada, vemos que además de las letras del alfabeto latino se emplea una letra gamma mayúscula y minúscula, una h herida y un 3 para representar algunos de los sonidos de la lengua.

Sin embargo, las adaptaciones más frecuentes para la edición en lenguas indígenas fueron las relacionadas con el sistema de acentos. En este sentido es posible apreciar la fundición de letra ex profeso para varias de las ediciones en guaraní que frecuentemente recurrieron al repertorio de acentos griegos. Este fenómeno se puede ver en el *Tesoro de la lengua guaraní*, de Antonio Ruiz de Montoya (Madrid, Juan Sánchez, 1639), en *Ara poru aguiyei haba; conico, quatia poromboe ha marangatu* de Pay Joseph Insaurralde (Madrid, Joachin Ibarra, 1759-1760) y en el *Catecismo de doctrina christiana en guarani y castellano*, de Joseph Bernal (Buenos Aires, Real Imprenta de los Niños Expósitos, 1800).[26]

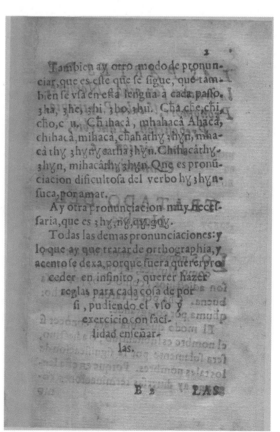

Arte de la lengua mosca
(Madrid, Bernardino de Guzmán, 1616)
Utilización de letras diversas para explicar pronunciaciones diferentes.

---

26 Este tema lo he desarrollado en "Kuati'a guarani: tres momentos de la edición tipográfica del guaraní (siglos XVII, XIX y XXI)," V Foro De Las Lenguas Amerindias. Literaturas Indígenas en América Latina, *Casa América de Catalunya, Barcelona, 2010*.

3. LA LENGUA VISTA POR LOS DISEÑADORES

El panorama histórico que acabamos de presentar forma parte de la evolución de los sistemas de registro indígenas y las ortografías de numerosas lenguas autóctonas de América Latina. Las decisiones sígnicas tomadas hace 500 años en muchos casos siguen siendo vigentes y usadas por los propios hablantes que las aplican en sus alfabetos prácticos contemporáneos. Por esa razón, consideramos necesario exponer qué son los *alfabetos prácticos*, en qué se distinguen de los fonéticos, así como algunas de las reglas generales para su elaboración.

ALFABETOS PRÁCTICOS | Se denomina así a todos los códigos que sirven para la comunicación escrita: el nuestro es el abecedario de letras latinas, otros podrían ser los sistemas hebreo, cirílico o japonés. Para considerarse práctico, un alfabeto debe ser aceptado socialmente y ser usado por una comunidad de hablantes.

La escritura es un sistema visual independiente del lenguaje hablado, un *alfabeto práctico* debe considerar las siguiente características: desde el punto de vista lingüístico, debe ser la forma más económica, sin ambigüedades y más consistente de la lengua; desde el aspecto pedagógico, debe poder enseñarse a leer y escribir con ellas en el menor tiempo posible, o sea, que debe contener el menor número posible de símbolos; y debe estar de acuerdo con los procesos psicolingüísticos. En la medida de lo posible, debe procurarse la unificación de las ortografías especialmente cuando, como en varios países de América Latina, existe más de una lengua con código escrito, de esta manera se evitan confusiones en el aprendizaje de la escritura de las varias lenguas en contacto.

Estas características son las que los distintos grupos lingüísticos de la región, a través de sus organizaciones, academias de la lengua y con el asesoramiento de especialistas, han considerado para la elaboración de sus códigos escritos. Con estos alfabetos se han editado los distintos materiales didácticos tanto de alfabetización y literarios como de evangelización.

ALFABETOS FONÉTICOS | En la segunda mitad del siglo XIX un grupo de fonetistas y maestros de idiomas, preocupados por encontrar mejores herramientas didácticas, desarrollaron un alfabeto que permitiría escribir las distintas lenguas, dando origen a la Asociación Fonética Internacional.[27]

La AFI, fundada en París en 1886, es la organización más antigua que promueve el estudio de la fonética y sus aplicaciones científicas. El primer alfabeto promulgado por la asociación fue una modificación del creado por Issac Pitman y Alexander Ellis en 1847. El alfabeto resultante ha sufrido algunas modificaciones a lo largo de su historia. La última versión de 1993 fue actualizada en 1996.

Esta asociación normalizó una serie de signos para que, de manera consistente, sirviera para la transcripción de los sonidos del lenguaje. El sistema está basado en el alfabeto latino pero al no ser suficientes las letras para la representación de los sonidos de las distintas lenguas del mundo se incluyeron símbolos y letras de otros alfabetos (por ejemplo del griego); cada signo tiene un nombre específico.

La tabla de caracteres del IPA está compuesta por los siguientes apartados: consonantes pulmónicas, consonantes no pulmónicas, vocales, diacríticos, suprasegmentales, tonos y acentos y otros símbolos. Los términos *bilabial*, *labiodental*, *palatal*, etc., corresponden a la ubicación del sonido en el aparato fónico. Los esquemas de corte sagital del mismo muestran la posición de los sonidos de vocales y consonantes.

Las transcripciones del lenguaje hablado se realizan segmentando las palabras, eso quiere decir, que se dividen en unidades de sonidos que están compuestas por consonantes y vocales. Para representar otras características del lenguaje, como pueden ser el tono o la respiración, se agregan indicaciones de aspectos del habla llamados *suprasegmentales*. Estas indicaciones de aspectos del habla también pueden marcarse con los *diacríticos* que son marcas o pequeñas letras que pueden agregarse a una vocal o consonante para modificarla en varios sentidos, un ejemplo de ellos son los acentos agudo, grave y circunflejo, el apóstrofe (que se usa para representar los sonidos glotales) y el subrayado.

LENGUAJE, ESCRITURA Y TIPOGRAFÍA: PARADIGMAS DEL DISEÑO DE ALFABETOS EN EL SIGLO XX

A lo largo del siglo XX distintos diseñadores, europeos en su mayoría, tuvieron la inquietud de proponer reglas y fuentes tipográficas que reflejaran de alguna forma su manera de entender la lengua escrita. Algunas de esas soluciones estaban directamente relacionadas con la moda de la época o algún movimiento de vanguardia, otras se asentaban sobre explicaciones filosóficas e incluso políticas; no todas tuvieron buenos resultados visuales o eran fácilmente aplicables pero son ejemplos de la forma en que los diseñadores interpretaron las relaciones entre lengua y escritura para la producción de documentos impresos. Uno de los objetivos más recurrentes en estos diseños fue la búsqueda de la simplificación formal, que los diseñadores consideraban esencial para lograr una buena legibilidad. Esto se manifestó en que la mayoría de los diseños escogieron formas sin remates o *sans serif*. También argumentaban que las formas más decoradas eran decadentes o que eran redundantes visualmente, lo que posiblemente sea una manifestación pragmática del paradigma del movimiento moderno en el diseño de tipografía de la primera mitad del siglo XX. Lo cierto es que los tipos sin remates fueron más o menos constantes en soluciones tipográficas ofrecidas por los diseñadores. Otro esquema recurrente fue la combinación de altas y bajas y, en menor medida, el cambio de peso en las letras.

---

27   *AFI o IPA por su sigla en inglés. Esta última sigla también se usan para denominar el International Phonetic Alphabet.*

HERMANN KAUFMANN, NUEVA ESCRITURA (1911)

Su propuesta abstracta fue totalmente radical y rompía con los rasgos de las letras de la tradición latina. El problema esencial del sistema de rasgos que diseñó era la poca diferenciación entre un signo y otro, por lo cual el reconocimiento y aprendizaje de la escritura eran retardados. Su diseño estuvo inspirado en su participación en el dadaísmo, que como movimiento buscó romper los cánones impuestos por la clase dominante.

Hermann Kaufmann, Nueva escritura, 1911

MAX BURCHARTZ, NUEVA ESCRITURA EXPERIMENTAL (1924)

Su alfabeto fue el antecedente de las propuestas simplificadas de Herbert Bayer, en él se combinan letras de caja alta y baja con un patrón constructivo geométrico.

Max Burchartz. Nueva escritura experimental, 1924

HERBERT BAYER, ALFABETO SIMPLE (1925)

La idea esencial de su diseño era la reducción formal y el rechazo de las mayúsculas porque las consideraba una complicación. Debemos recordar que esto estaba directamente relacionado a una contracorriente de la representación del alemán, idioma en el que las mayúsculas son utilizadas para la identificación de sustantivos. Esto será más tarde retomado por Renner.

Herbert Bayer. Alfabeto simple, 1925

JOSEF ALBERT, LETRAS DE PLANTILLAS (1925)

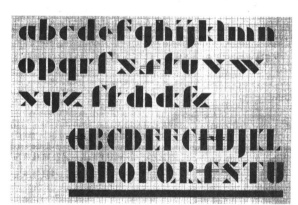

Al igual que Bayer, buscó la simplificación formal procurando una máxima legibilidad, especialmente para la composición de carteles.

Josef Albert, letras de plantillas, 1925

KURT SCHWITTERS. NUEVA ESCRITURA PLÁSTICA (1927)

Este diseño propugnaba por una visualización del lenguaje hablado, a través de la clara distinción de las vocales del idioma el conjunto de vocales, que era de formas más grandes y redondeadas que las consonantes. Esta propuesta no tiene un orden o progresión geométrica y el resultado visual es un tanto inarmónico.

Kurt Schwitters. Nueva escritura plástica, 1927

PAUL RENNER, FUTURA (1928)

El diseño de la Futura estuvo marcado por la búsqueda de una ultra-racionalización formal. Creada a partir de compás y escuadra, era fruto principalmente de dos elementos: las reformas ortográficas de la lengua alemana y los cambios en los sistemas de producción industriales. Con su diseño Renner, al igual que otros europeos integrantes del nuevo movimiento moderno, pretendía abolir el uso de los tipos góticos en favor de la propuesta formal de los *sans serif* para la representación de la lengua alemana.[28]

Paul Renner. Futura, 1928

JAN TSCHICHOLD, ESCRITURA OPTOFONÉTICA (1929)

Este famoso tipógrafo también estuvo involucrado en los fenómenos de la lengua, y propuso componer un alfabeto que estuviera basado en la representación de la lengua hablada, con la inclusión al sistema de escritura tradicional de algunas vocales y signos fonéticos (diacríticos). El rasgo esencial de su fuente es el uso de la curva en módulos geométricos muy regulares. Esta tendencia, de buscar claridad con un mínimo de formas, también la encontramos en las vanguardias europeas de inicios del siglo XX.

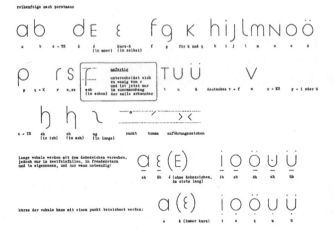

Jan Tschichold, Escritura optofonética, 1929

---

28   *El estudio ya clásico sobre este autor es el de Christopher Burke,* Paul Renner, El Arte de la tipografía, *Valencia, Campgrafic, 2000.*

WLADYSLAW STRZEMINSKI, KOMUNIKAT (1932)

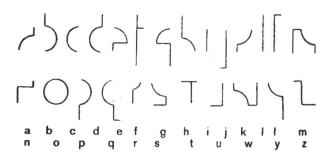

Wladyslaw Strzeminski. Komunikat, 1932

Este pintor, artista gráfico y tipógrafo ruso, trabajó con Malevich, por lo que podemos inferir su influencia constructivista. Su alfabeto se basa en una hipersimplificación formal, pero el resultado es de difícil reconocimiento.

MAX BILL (1949)

Max Bill, 1949

Su propuesta es una extrema simplificación constructiva con el uso de líneas rectas y diagonales, salvo para el caso de la o. El resultado visual es muy regular y remite a la escritura cuneiforme con una mezcla de estilo de escritura griego.

BRADBURY THOMPSOM, ALPHABET 26 (1950)

Bradbury Thompsom. Alphabet 26, 1950

Este es un tipo de características romanas y combina letras de caja alta y baja. Los inicios de frase se componen en minúscula de grande proporciones; éste fue un diseño posterior a su diseño monoalphabet (1945).

ADRIAN FRUTIGER, ALFABETO ESCRITO (1952)

Adrian Frutiger, Alfabeto e scrito, 1952

Este tipo de rasgos muy fluidos está compuesto por una combinación caprichosa de rasgos mayúsculos y minúsculos, que son decididos por el diseñador. El resultado visual es agradable, aunque la lógica usada no es fonética.

HERBERT BAYER, ALFABETO FONÉTICO (1958)

Esta fuente de rasgos geométricos mixtos, proponía una mezcla entre signos fonéticos y silábicos, y se debió a una revisión que Bayer realizó para la ortografía del inglés. La matriz constructiva es evidentemente bauhasiana. Igual que en el diseño de Frutiger la fuente contiene una mezcla de rasgos minúsculos y mayúsculos, que para Bayer debían constituir un sólo conjunto de caracteres.

Herbert Bayer, Alfabeto fonético, 1958

REGINALD PIGGOT, NATIONAL ROMAN (1964)

Todos los signos están compuestos con base en una misma estructura reticular y tienen la misma altura y ancho. Algunas letras están invertidas, rotadas o en espejo, otros rasgos tienen características semi-caligráficas.

Reginald Piggot, National Roman, 1964

JOSEF SCORSONE (1970)

La idea de Scorsone era que las letras ligadas dieran palabras que fueran reconocidas como ideas y por lo tanto sean pronunciadas diferentes. Este recurso fue usado también por otros diseñadores pero sin buscar una repercusión en la pronunciación sino en todo caso, como un estrategia de simplificación formal (Herb Lubalin: Avant Garde, 1968; Hermann Zapf: Zeichnungen zur URW antiqua, 1991).

Josef Scorsone, 1970

Typography is the art of visual communication. It has one fundamental duty before it and that is to transmit ideas in writing. No argument or consideration can absolve typography from this duty. A printed work that cannot be read becomes a product without purpose.- Emil Ruder

Josef Scorsone, 1970

Hermann Zapf, Zeichnungen zur URW, Antiqua, 1991

Herb Lubalin, Avant Garde, 1968;

PATRICK WALLIS BURKE, KINGSLEY READ (1975)

La estrategia de diseño en este caso es la fusión de fonemas, en forma de combinación o estructura de dígrafos. El tipo diseñado tiene una mezcla formal de algunos rasgos mayúsculos y minúsculos de una fuente *sans serif*.

Patrick Wallis Burke, Kingsley Read, 1975

PIERRE DE SCIULLO (1992)

En este caso se busca hacer evidente la indicación de pronunciación pero conservando su forma tradicional. La plantilla formal es una mezcla de tipos estilo OCR (o lector óptico) con formas más redondeadas, aunque no hay un patrón reconocible.

Pierre de Sciullo, 1992

85

DISEÑO TIPOGRÁFICO PARA LENGUAS INDÍGENAS: ALGUNOS PROYECTOS CONTEMPORÁNEOS

Pasando al territorio americano y las lenguas indígenas de estas latitudes podemos mencionar algunos proyectos contemporáneos de diseño tipográfico desarrollados durante la última década: *Jeroky, Jasy, E'a, Mayathán, Gentium, Tuhun, Lushootseed, Yukatek, Andada H*t y *Wayuunaiki*.[29]

El diseñador paraguayo Juan Heilborn ha realizado cuatro familias para el guaraní, *Kuarahy, Jasy, Jeroky* y *E'a*, la primera de los cuáles fue su proyecto de titulación en diseño gráfico; a la fecha al menos las dos últimas han sido aplicadas en proyectos reales.

Kuarahy

A Ã B C D E Ẽ F G G̃ H I Ĩ J K L M N Ñ O Õ P Q R S T U Ũ V W X Y Ý Ỹ Z
a ã b c d e ẽ f g g̃ h i ĩ j k l m n ñ o õ p q r s t u ũ v w x y ý ỹ z
¿ ¡ { [(1 0 2 9 3 8 4 7 5 6)] } ! ?

Kuarahy, de Juan Heilborn

Jasy

A Ã B C D E Ẽ F G G̃ H I Ĩ J K L M N Ñ O Õ P Q R S T U Ũ V W X Y Ý Ỹ Z
a ã b c d e ẽ f g g̃ h i ĩ j k l m n ñ o õ p q r s t u ũ v w x y ý ỹ z
¿ ¡ { [(1 0 2 9 3 8 4 7 5 6)] } ! ?

Jasy, de Juan Heilborn

Jeroky

A Ã Ch E Ẽ G G̃ H I Ĩ J K M Mb N Nd Ng Ñ O Õ P R S T U Ũ V Y Ỹ Ý
á ã ch e ẽ g g̃ h i ĩ j k l m mb n nd ng ñ o õ p r s t u ũ v y ý ỹ ý' (puso)
Ch Mb Nd Ng

Jeroky, de Juan Heilborn

E'a

á á á á á á sans e e e e e e
10 clara 20 liviana 30 mediana 40 morena 50 negra 60 pesada   10 pesada cursiva 20 negra cursiva 40 morena cursiva 30 mediana cursiva 20 liviana cursiva 10 clara cursiva
s s s s s s serif g g g g g g

E'a, de Juan Heilborn

---

[29] Los proyectos han sido ordenados cronológicamente. La información sobre ellos se obtuvo mediante entrevistas electrónicas y o en forma directas con los diseñadores (en el caso de los trabajos de Heilborn y Mayathan, realizadas en 2003) y la lectura de artículos y ensayos específicos que se enlistan en las fuentes de consulta de este texto. Las primeras noticias sobre estos proyectos fueron presentadas por mi en la conferencia "El tipógrafo como intérprete y traductor de signos" en el Encuentro de Escuelas de Diseño Gráfico, octubre de 2003, UPAEP, Puebla, México.

El proyecto *Mayathán* (familia para lenguas mayenses) fue desarrollado por el equipo integrado por lingüista brasileña Rosana de Almeida, el tipógrafo suizo André Gürtler y los diseñadores mexicanos Verónica Monsivais, David Kimura y Ángeles Suárez. Se llevó a cabo con fines escolares en la Escuela de Diseño de Basilea; hasta el momento cuenta con una aplicación, para componer un libro de historia.

Mayathán

ABCDEFGKLMNOPQRSTUVYZ
abcdefghknopqrtuvyz 1234.,;:!?«æß&%
ABCDEFGKLMNOPQRSTUVYZ
abcdefghknopqrtuvyz 1234.,;:!?«ß%
ȧb̈čc̈c̣c̣d̈ēëë hïk̇k̂l̈öp̈p̂q̇q̈ṣṣš ẗũẅẉẋẏỹż
ɔɔHħPpϒɣBβHɟɦꝗɡøŋ

<small>Mayathán, de André Gürtler;
David Kimura; Verónica Monsivais;
María de los Ángeles Suárez</small>

Gentium es una familia tipográfica multilingüe y se desarrolló con un doble propósito: fue el trabajo de titulación de la maestría en diseño tipográfico de Victor Gaultney (en la Universidad de Reading) y fue un proyecto laboral dado que este diseñador labora en el Instituto Lingüístico de Verano (SIL). El proyecto es un *work in progress* y periódicamente se informa sobre los añadidos y actualizaciones.

Gentium *Gentium*

ABCDEFGHIJKLMNOPQRSTUVWXYZ
abcdefghijklmnopqrstuvwxyz
ʙɓǝbÇƆCĐDƏƎFGǴĦHIKŁшNŊØƟƟ
ɑPÞPɽRꜱƐFTŢUƱƲYZƺƷƐ358ÆHɷŒ
ĠǦĜĠĞĜĤȞḢḦḤḨḦÌÍĨĬĨĪĮḬĪĬĪĬĨĨĨĬĪĬĴḰǨḲĶḴĹĽĻḺ
ḾṀṂÑŃŊŊŇǸṄṈṆŊŊÒÓÔÕÖŌŎŐǑǪƟỎÔÕÕ

<small>Gentium, de Victor Gaultney</small>

El diseñador mexicano Diego Mier y Terán realizó *Tuhun* como proyecto final de la maestría en diseño tipográfico en la Escuela Real de Artes de La Haya para la lengua mixteca en 2003, a la fecha no se ha aplicado en proyectos prácticos.
La tipógrafa norteamericana Juliet Shen diseñó *Lushootseed* para la familia de lenguas homónimas habladas en las costa oeste de América del Norte. Su trabajo se desarrolló en 2009 en contacto directo con la comunidad y ya está en uso.

87

Tuhun,
de Diego Mier y Terán

dxʷləšucidəb ɬi

tusʔəsɬaɬlils ʔal tudiʔ sq́xʷabac.
d(i)ɬəxʷ tuʔuxˇ. tuɬaɬlil. gʷəl x̌uxˇiʔxˇiʔ.
gʷəl diɬ tudəxʷʔuxˇs əlgʷəʔ. gʷəl
tuɬaɬlil əlgʷəʔ.

gʷəl absbədbədaʔ əlgʷəʔ? absbədbədaʔ
əlgʷəʔ. gʷəl tiʔiɬ ʔiɬlux̌ bədaʔs əlgʷəʔ?
gʷəl ʔəsq́ʷup̓q̓ʷup̓. ʔəsq́ʷup̓q̓ʷup̓. xˇi?
gʷəjəsəds gʷədəxʷuʔibəšs. gʷəl daẏ

Lushootseed,
de Juliet Shen

Se realizaron tres proyectos de titulación: Yukatek (maya yucateco), de Steve Ross, en la maestría en tipografía de la Universidad de Reading; Andada Ht (para el guaraní) de Carolina Giovagnoli y Wayuunaiki (para el Wayuu, hablado en Colombia y Venezuela) de José Nicolás Silva,[30] los dos últimos egresados de la especialización en tipografía de la Universidad de Buenos Aires.[31] Además de los anteriores, hay que mencionar que algunos diseños tipográficos que originalmente no fueron pensadas para lenguas indígenas han ampliado el conjunto de caracteres para permitir la composición de textos en algunas lenguas de América Latina: *Pradell* de Andreu Balius amplió para la composición en guaraní y Fernando Díaz modificó *Quiroga* para la composición en maya yucateco.

Como se puede apreciar del breve recuento la mayoría de los proyectos mencionados han sido casos escolares y a la fecha solo algunos de ellos se han aplicados en proyectos reales (los de Heilborn, Gaultney, Shen y Díaz). Los estilos en los diseños de estos trabajos son muy variados pero, en contraposición con las premisas que se manifestaron en los proyectos europeos descritos en la sección *Lenguaje, escritura y tipografía*, en estos es observable una presencia más destacada de tipografías con serifes, tanto de estilos transicionales o mixtos (*Jeroky, Jasy, E'a, Mayathán, Gentium, Wayuunaiki, Pradell*) como en estilos de corte más mecánico o egipcio (*Tuhun, Yukatek, Andada Ht, Quiroga*). Es prematuro dar una opinión sobre la dirección que tomará el

---

30 Luego de la finalización del proyecto académico, fueron liberadas las fuentes básicas (regular e italic) para su libre uso, y las fuentes tomaron el nombre de comercialización de Poly. Una descripción más amplia del diseño y la disponibilidad de la fuente se puede revisar en la siguiente dirección: http://bit.ly/zs5XvR.

31 Carina Giovagnoli me ha informado que Constanza Artigas está trabajando con el idioma rapanui, de la Isla de Pascua, pero a la fecha no he podido conseguir más datos. Por otro lado, los diseñadores Francisco Gálvez y Felipe Cáceres me han comentado que a pesar de los intentos que ellos y Rodrigo Ramírez hicieron para diseñar una familia para el mapudungun en Chile, no les fue posible terminar el proyecto.

Yukatek
Roman

abcdefghijklmnñopqrstuvwxyz ABCDEFGHIJKLMNÑOP
QRSTUVWXYZ Qu fi ff fl ABCDEFGHIJKLMNÑOPQRSTUVWXYZ
1234567890 1234567890 ⅛¼⅓½¾ <""',·....,:;¿?¡!-+÷×=±——|/\>
«([{$£€¢¥††&@#%°∗©®™}])»☙❧ äëïöük'h's áéíóú tz ▬
ᴵᴬ ᴱᴸ ᴸᴬˢ ᴸᴼˢ ˢᴿᴬ ˢᴿ ᴰᴱ ᴰᴱᴸ ᴺᵀᴿᴬ ᴺᵀᴿᴼ ˢᵀᴬ ˢᵀᴼ

Yukatek, de Steve Ross

Andada Ht

ABCDEFGHIJKLMNOPQRSTUVWXYZ01
23456789abcdefghijklmnopqrstuvwxyz
ÀÁÂÃÄàáâãäÈÉÊËèéêëÌÍÎÏìíîïÒÓÔÕ
éêëÌÍÎÏìíîïÒÓÔÕòóôõÙÚÛÜùúûüÑ
òóôõÙÚÛÜùúûüÑñG̃g̃ÝŶỲýŷỳŽžŠšÇç
ñG̃g̃ÝŶỲýŷỳŽžŠšÇç

Andada, de Carolina Giovagnoli

Quiroga Serif

abcdefghijklmnñopqrstuvwxyz áéíóúàèìòùäëïöüâêîôû
ABCDEFGHIJKLMNÑOPQRSTUVWXYZ ÁÀÄÂÃÅ
1234567890 ¢$¥£Π † ‡ ¼½¾ &ÐßŒsÆð¶ «([{}])» ®©℗
ch ll fl fi ft ffi ffl ti tt

Quiroga, de Fernando Díaz

«WAYUU»
Wayuunaiki Regular

ABCDEFGHIJKLMNOPQRSTUVWXYZabcdefghijklmn
opqrstuvwxyz 1234567890 '«"(¿¡[...]!?\›)",,»

Wayuunaiki, de José Nicolás Silva

paradigma estético del diseño de letra para lenguas indígenas americanas, aunque parece haberse desechado la tradicional ecuación moderna: "a mayor simplificación formal – entendida como tipografía sin remates – mayor legibilidad". Habrá que ver si el paradigma visual y explicativo emergente que se aprecia y percibe en varios de estos nuevos proyectos se consolida en los subsecuentes. Un sintético resumen de este nuevo paradigma podría ser: remates más evidentes, homogeneidad de la mancha tipográfica y mejor rendimiento de caracteres equivalen a mayor dinamismo visual, vitalidad lingüística e identidad cultural".

Es escaso el espacio que tengo aquí para analizar otros aspectos de estos proyectos, especialmente aquellos relacionados con el método investigación aplicados y que rebasan el diseño tipográfico en sí. Cuando me refiero a método, estoy hablando de la búsqueda bibliográfica o de fuentes de consulta, la consulta con investigadores y expertos en estos temas, las investigaciones realizadas antes de diseñar, la documentación visual recogida, el contacto con los hablantes, la puesta a prueba de los proyectos una vez diseñados, las actitudes sobre la lengua y la escritura de los diseñadores, etc. Es en este punto donde se presentan mayores grados de divergencia en el enfoque aplicado por los diseñadores y donde la mayoría de los proyectos muestran sus costados menos rigurosos y por lo tanto más vulnerables. En mi opinión, a nivel regional no se ha superado un estadio de fascinación por la complejidad de este tema y aún no se ha comprendido la seriedad con la que se debe trabajar la cuestión y sus implicaciones sociales.

4. DISEÑO TIPOGRÁFICO PARA LENGUAS ÁGRAFAS: PREGUNTAS FRECUENTES Y UNA PROPUESTA METODOLÓGICA

Además de lo que acabamos de exponer, cuando el diseñador se enfrenta con un proyecto de diseño tipográfico para lenguas indígenas le vienen a la mente una serie de consideraciones y se plantea una conjunto de preguntas que reflejan en gran medida sus propias ideas sobre la lengua y la escritura y por lo tanto la forma en que conceptualizará el proyecto tipográfico. Aunque no pretendo acotar el panorama de los cuestionamientos posibles, a continuación expongo algunos de los dilemas usuales.

PREGUNTA / IDEA | *Para el diseño tipográfico de una lengua ágrafa ¿es necesario integrar las convenciones de representación fonética internacional con características formales representativas de la cultura indígena? ¿por qué?*

Hay dos niveles de notación sígnica que son para dos usos diferentes, los alfabetos prácticos, usados principalmente por indígenas, y los fonéticos, por lingüistas. Valiéndome de una metáfora gastronómica, aunque sirven para cocinar no ponemos sal en los pasteles como no ponemos azúcar en la pizza (salvo en la salsa). Por lo tanto los signos fonéticos son para un ámbito y los consensuados por las comunidades y que forman los alfabetos prácticos para otro.

En esa medida, en la cabeza de los diseñadores, la representación de la lengua parece moverse de eje y pasar del diseño de alfabetos en sí, con todo los elementos proyectuales que hay que considerar para ello, a la representación de los atributos culturales en los signos que sirven para notar idiomas. En los años que tengo trabajando este tema y evaluando la "respuesta habitual", al menos en el plano teórico, que los diseñadores dan a estos problemas de diseño, he podido observar una suerte de obsesión formalista injustificada. ¿Es la ligadura forzada cuando la lengua no usa dígrafo o el cambio de posición del apóstrofe en aras de una mejoría del color y economía en la mancha tipográfica

lo que hace falta para ese grupo de lectores?, ¿es la greca precolombina que tomamos de las pirámides o el patrón de la cerámica y la cestería la solución visual que provee al signo de escritura de una mejor consonancia con su cultura, armonía y unidad, por cierto la misma estrategia plástica que suele perseguir el marketing corporativo?, ¿son estos recursos visuales lo que hacen a los signos ser más maya, náhuatl o guaraní?, ¿qué piensan los indígenas de ello, indígenas en plural y no aquél generoso y condescendiente informante que se siente atraído por nuestro interés en su lengua y poco discute la sapiencia estética del licenciado en diseño gráfico o tipográfico por un atávico y ancestral respeto que caracteriza a las comunidades nativas?, a los indígenas ¿les resulta más fácil leer un glifo estilizado y escribirlo o es nuestra interpretación formal lo que nos empuja a diseñar "nuevas formas inventadas"?, en última instancia ¿es nuestro deseo narcisista de dejar una huella lo que nos impulsa a tomar esas decisiones o es, después de todos los análisis de rigor, la respuesta más idónea a una necesidad real?

PREGUNTA / IDEA | *Desde el contacto cultural entre Europa y América, los sistemas indígenas de comunicación fueron trasvasados a los sistemas de los conquistadores ¿se puede o se debe cambiar esto?*
Si uno lee los relatos de los cronistas europeos de la conquista apreciará que el proceso de aculturación fue bidireccional y no se pudo hacer sin la traducción, interpretación y "auxilio lingüístico" de los indígenas. En esa medida, los estudiosos (historiadores, filólogos, etnohistoriadores) se han cuestionado fuertemente sobre la idea de "dominio total" que usualmente se atribuye a la lengua y pensamiento de los "invasores". Sin negar que se silenciaron y ocultaron muchas cosas de las culturas nativas, creo que es mucho más fructífero ver que la lengua y la letra indígenas – inclusive en clave alfabética – siempre estuvieron presentes en todo este tiempo y que de hecho, valiéndose de esas tecnologías de la palabra, sobrevivieron y hoy dan frutos. La escritura alfabética hoy es un patrimonio cultural de los grupos indígenas de América;[32] hoy ya es anacrónico hablar de "conquistadores malvados" y en su lugar es mucho más fructífero pensar en el largo proceso de "mestizaje cultural."

PREGUNTA / IDEA | *Al tratar de identificar la forma de escribir una determinada palabra en una lengua indígena es posible que uno encuentre distintas ortografías para un mismo término ¿Esto convierte a su escritura en arbitraria, sin normas y reglas, es decir hace que la representación de los sonidos de las lenguas sea caprichosa?*
No. Es totalmente factible que un mismo término tenga más de una grafía. La ortografía, si bien cristaliza la forma escrita de un término, es resultado de un proceso que cambia a lo largo del tiempo, diacrónicamente, y que se da por la reconsideración de los miembros de una comunidad. De la misma forma que al castellano le tomó muchos siglos lograr la consolidación de su ortografía, este proceso también ocurre en los idiomas nativos. Las gramáticas de varias lenguas indígenas se produjeron en el siglo XVI, inclusive antes que las gramáticas de algunas lenguas indoeuropeas, sin embargo les llevó tiempo estabilizar sus grafías y algunas comunidades las siguen cambiando. La variación ortográfica puede tener diversas explicaciones: en el plano lingüístico se pueden dar por diferencias dialectales al interior de un mismo idioma que requiera de una distinción visual según las variedades de la lengua; y en el plano social, cultural y político pueden responder a pugnas ideológicas

---

[32] *Esta idea ha sido desarrollada por mi en "La indianización del alfabeto. Recepción y apropiación escrita en América", en Actas del Segundo Congreso de Tipografía de España, Valencia, 2006.*

entre grupos indígenas que comparten una misma lengua o a las opiniones de los grupos implicados en su establecimientos, por ejemplos pedagogos, lingüistas, autoridades educativas, políticas o religiosas. Finalmente, en el plano tecnológico las variedades grafemáticas pueden deberse a que no hay sistemas de reproducción impresa que los contemplen. En este último aspecto es de suma utilidad la participación de los diseñadores.

PREGUNTA / IDEA | *¿Cómo se debe interpretar en la escritura de un idioma indígena la presencia de ciertas grafías usuales en la ortografía de lenguas indoeuropeas de raíz distinta al castellano (por ejemplo letras presentes en el inglés, el francés etc.)?*

Los signos de escritura, si bien nacieron y se desarrollaron para representar ciertos idiomas en particular, por su naturaleza semiótica están sujetos a la migración y la dispersión a otros ámbitos de representación y otras lenguas. Entender un sistema de signos como propiedad exclusiva de una lengua determinada es una forma errónea de interpretar la naturaleza y función de la comunicación escrita: la comunicación es para unir y hermanar no para dividir. Un pueblo y su lengua no son dueños de un sistema de escritura, en todo caso tienen usufructo de él. Hay numerosos ejemplos históricos de préstamos lingüísticos y también de préstamos de sistemas escritos. Por lo tanto, en una cultura ágrafa, el uso de una grafía que podríamos considerar "extranjera" es tan válido como el uso de cualquiera de las otras grafías en la medida que ninguna de ellas fue producto natural, es decir no surgió de manera interna de la cultura indígena. Dicho lo cual no hay que olvidar que la escritura no es un producto natural sino cultural.

PREGUNTA / IDEA | *¿Quién tiene la autoridad de normalizar las grafías y las ortografías indígenas?, ¿qué pasa cuando hay más de una grafía aceptada para un mismo concepto o palabra en una lengua?*

En primer lugar la autoridad tienen las comunidades indígenas que usarán esos códigos escritos, aunque en el proceso de establecimiento de grafías pueden participar también lingüistas, sociólogos, antropólogos y autoridades educativas de las naciones implicadas. El diseñador puede participar eventualmente en el grupo de trabajo que se haya establecido para un diseño tipográfico desde cero,[33] aunque es bastante factible que en la mayoría de los casos posiblemente participe con un papel colateral, secundario y subordinado.

No existen mejores o peores grafías en términos absolutos, algunas pueden "representar" mejor la realidad fonológica de una palabra o variedad dialectal; otras pueden tener una mayor tradición histórica, pero si el signo no es aceptado por la comunidad esa idea de lo *óptimo* no tiene sustento. Por lo tanto, no es posible desestimar divergencias ortográficas sin saber lo que los usuarios naturales de la lengua opinan de ellas. No es conveniente aplicar una aproximación higienista, sintética y modernista, muy usual en el pensamiento de diseño en general y el diseño de letra para texto en particular, en toda circunstancia para grupos indígenas sin antes escuchar la opinión de los hablantes. Tampoco funcionan siempre las decisiones por grupos mayoritarios, sobre todo porque muchas de las lenguas indígenas no son solo minoritarias, sino que están en peligro de extinción, en esos casos no podemos esperar de los hablantes que además de preocuparse por sobrevivir, defiendan su derecho a tener grafías minoritarias.

---

[33] *Entendemos por diseño desde cero aquél caso en que es la primera vez que una comunidad desea pasar de la oralidad a la adquisición de un sistema de escritura. En América Latina son pocas las lenguas indígenas que aún permanezcan literalmente ágrafas, por lo tanto, aunque con pocos ejemplos, el tipógrafo siempre tendrá un referente previo de escritura del idioma.*

UNA PROPUESTA METODOLÓGICA

El impacto cultural, tecnológico y económico de poner al alcance de distintos pueblos la letra, la tipografía, la interfaz de la escritura, aumentará aún más en los años venideros; por eso quise explicar brevemente algunas ideas que considero útiles para facilitar la labor de futuros proyectos. Sin embargo los aspectos sobre los que hay que estar especialmente alertas son los no formales, es decir los que tienen que ver con las actitudes culturales y el modo de trabajo de los tipógrafos, ya que son los que más desconocemos y en los cuáles podemos cometer mayores errores. De ese trabajo surge la siguiente propuesta que, junto con el conocimiento tipográfico experto, puede redundar en mejores resultados de diseño.[34]

A grandes rasgos, los aspectos que se pueden tomar en cuenta en proyectos de diseño tipográfico para lenguas ágrafas son de tipo: 1) histórico; 2) cultural, y en este caso hay que distinguir lo etnográfico y lo lingüístico; y 3) tecnológico y de producción. Para cada uno de estos tipos propongo identificar una serie de tareas y temas que sería deseable que los diseñadores consideraran, aunque la lista no está cerrada.

MARCO HISTÓRICO

- Estudiar cómo se ha representado el idioma a través del tiempo, con documentos escritos de distintas épocas, y de la región o regiones de la lengua (textos públicos, privados, manuscritos e impresos, de todos los temas y géneros posibles).
- Identificar quiénes, cuándo, y bajo qué parámetros propusieron el sistema de escritura vigente; averiguar si fue un propuesta externa o si hubo participación de los miembros de la comunidad. Asimismo reconocer si la participación comunitaria fue restringida a un grupo de autoridad o fue sometida a la aprobación general.
- Reconocer y documentar la evolución gráfica y modificaciones sígnicas de los alfabetos prácticos y fonéticos del idioma.
- Buscar antecedentes de diseño que se hubieran usado (manuales o mecánicos) y conocer la opinión de los usuarios al respecto.

MARCO ETNOGRÁFICO

- Determinar cuáles son los usos que los escribientes dan a su lengua, y cuáles son las situaciones de competencia o contacto con otra lengua (por ejemplo una lengua indígena con el español o entre dos o más lenguas indígenas).
- Identificar si existe alguna sujeción del estilo de letra a las corrientes pedagógicas o de enseñanza de la escritura (por ejemplo *script* o de molde).
- Obtener retroalimentación cualitativa de lectores y hablantes de lengua sobre la escritura (aspectos afectivos, de identidad y orgullo).
- Desarrollar prueba con los usuarios para la determinación de las variables visuales: el estilo tipográfico, los espacios óptimos entre palabras, ritmo visual de textos, el cuerpo ideal y el negror de la tipografía. Evitar comparaciones con el idioma de prestigio o de referencia. Esto es especialmente importante en ediciones bilingües.
- Comprobar con los usuarios el reconocimiento formal de nuevas propuestas de diseño de signos, y valorar la dificultad de reaprendizaje del código gráfico o de algún cambio.

---

[34] Una primera versión de esta propuesta fue publicada en "Claves para una traducción sin traición: diseño tipográfico para lenguas ágrafas", Tipográfica, n. 60, Buenos Aires, abril-mayo de 2004.

- Tener claro el porqué, cómo y para quién del proyecto. Delimitar y estudiar a los usuarios potenciales. Establecer claramente quiénes y bajo qué parámetros evaluarán el éxito o fracaso del proyecto, y en este sentido determinar el rol específico del tipógrafo. Establecer cómo estará conformado el grupo de diseño y cómo se abordará el trabajo interdisciplinario.

MARCO LINGÜÍSTICO
- Conocer las variedades dialectales del idioma e identificar las lenguas con las que tiene contacto.
- Determinar la variedad dialectal que se usará como referencia para la representación escrita.
- Acordar con los usuarios (comunidad, las academias de lengua locales, lingüistas y antropólogos) si se pretende una representación uno a uno entre sonido y grafía.
- Identificar la pronunciación de los sonido principales del idioma e identificar cuáles han sido las grafías habituales para representarlos.
- Estudiar los sistemas de notación científica fonética internacionales y regionales, y sus estrategias sígnicas (dígrafos, redundancia de letras, diacríticos y acentos auxiliares, sustituciones, inversiones etc.).

MARCO TECNOLÓGICO Y DE PRODUCCIÓN
- Dictaminar el estado general del diseño y edición de los documentos históricos.
- Conocer las estrategias de edición usuales para texto monolingües y bilingües.
- Establecer si se desea homologar las versiones caligráficas y tipográficas del sistema escrito.
- Identificar los futuros y posibles usos de la fuente y determinar las necesidades de edición para textos educativos, literarios, religiosos, de investigación, etc.
- Conocer los posibles sistemas de reproducción de las impresiones o de visualización de la escritura (pantalla, señalización, etiquetado etc.).

CONSIDERACIONES FINALES

El panorama expuesto sobre la tipografía para lenguas indígenas, desde la tipografía móvil que Europa nos legó hasta la producción regional contemporánea, nos permitió entrever algunos de los posibles caminos para una nueva conceptualización del diseño de letra entendida como un elemento de la cultura escrita.

Para la comprensión global de este fenómeno se explicó primero la función de la comunicación escrita en el desarrollo social y el impacto de ésta en los pueblos ágrafos. Posteriormente pasamos a la breve descripción de las dificultades en los procesos de producción textual durante el periodo colonial para acercarnos a la función que cumplió la tipografía en la evangelización y control político. Más adelante explicamos las diferencias entre los alfabetos fonéticos y prácticos y dimos algunos datos de cómo la lengua escrita ha sido vista por ciertos diseñadores europeos del siglo XX, antes de llegar a la mención sumaria de los proyectos tipográficos contemporáneos para lenguas indígenas de los que tengo conocimiento.

Este amplio recorrido nos permite apreciar dos realidades: una social, de la necesidad de los usuarios indígenas y lingüistas, y otra la de los diseñadores. Ambas miradas a veces se separan muy peligrosamente, haciéndonos caer en el peligro de ser diseñadores ciegos. Por lo tanto el único antídoto ante ese posible glaucoma es un más preciso y profundo entendimiento del objeto tipográfico en el contexto social. Si quisiéramos responder cuáles son los desafíos contemporáneos del diseño de letra para las lenguas ágrafas deberíamos pensar en las comunidades indígenas nos brindan la posibilidad de aprender a trabajar con nuevos interlocutores que son muy distintos a los que usualmente contactamos. Para ello no debemos pensar que estamos "ayudando a los indígenas", en el sentido asistencialista, sino aprender de ellos, escuchar sus necesidades, conocer cómo ven ellos su escritura y su lengua, y solo después, pensar en diseñar signos. En otras palabras los desafíos son aprender a investigar antes de diseñar y, más importante aún, aprender de los otros sobre la base del respeto, la generosidad y la humildad.

AGRADECIMIENTOS

Agradezco a Cecilia Consolo haberme invitado a verter estas reflexiones en las que he trabajado por años y a Priscila Farías por servir de solidario enlace. Mucha de la información utilizada en el ensayo no hubiera sido posible conseguirla sin la generosa colaboración de los colegas diseñadores a quienes manifiesto mi profundo agradecimiento.

REFERENCIAS

BARKER, Paul (comp.), **Vivir como iguales. Apología de la justicia social**, Barcelona, Paidós, 2000.

BERRY, J., "The Making of Alphabets", Joshua Fishman (comp.), **Readings in the Sociology of Language**, La Haya, Mounton, 1972.

BLANCHARD, Gérard, **La letra**, Barcelona, CEAC, Enciclopedia del Diseño, 1988.

BRIECE HEATH, Shirley, **La política del lenguaje en México: de la colonia a la nación**, México, INI, 1986.

BROOKFIELD, Karen, **La escritura**, Madrid, Altea, 1994, Biblioteca Altea Visual.

BURKE, Christopher, RENNER, Paul, **El Arte de la tipografía**, Valencia, Campgrafic, 2000.

CARDONA, Giorgio Raimundo, **Antropología de la escritura**, México, Gedisa, 1999, Colección Lea.

COHEN, Marcel y Jean Sainte Fare Garnot (comp.), **La escritura y la psicología de los pueblos**, México, Siglo Veintiuno, 1995.

CORONADO SUZÁN, Gabriela, **Porque hablar dos idiomas es como saber más. Sistemas comunicativos bilingües ante el México plural**, México, CIESAS-SEP-CONACYT, 1999.

DE LA GARZA, Yolanda, KALMAN, Judith, MAKHOLUF César et al., **El conflicto lingüístico en la zona bilingüe de México, México**, Dirección General de Educación Indígena-SEP-INI-CIESAS, 1982, Cuadernos de Información y Divulgación para Maestros Bilingües.

DRUCKER, Johanna, **The alphabetic labyrinth. The letters in history and imagination**, Londres, Thames and Hudson, 1995, 320 p.

FISHMAN, Joshua (comp.) **Readings in the Sociology of Language**, La Haya, Mounton, 1968.

GARONE GRAVIER, Marina, "Claves para una traducción sin traición: diseño tipográfico para lenguas ágrafas", **Tipográfica**, n. 60, Buenos Aires, abril-mayo de 2004.

GARONE GRAVIER, Marina, "Diseñadores de la lengua propia: calígrafos y tipógrafos indígenas en la Nueva España", en **I Coloquio Internacional Lenguas y Culturas Coloniales**, 3 al 5 de septiembre de 2008 en el Instituto de Investigaciones Filológicas, UNAM (en prensa).

GARONE GRAVIER, Marina, "El Códice Florentino y el diseño de libros en el contexto indígena", **Colors Between Two Worlds**, Villa I Tatti, The Harvard University Center for Italian Renaissance Studies; Kunsthistorisches Institut in Florenz y Max-Planck-Institut, 2011.

GARONE GRAVIER, Marina, "El tipógrafo como intérprete y traductor de signos", en el **Encuentro de Escuelas de Diseño Gráfico**, UPAEP, Puebla, México, octubre de 2003.

GARONE GRAVIER, Marina, "Elaboration of a typographical letter style to represent indigenous languages," en **Design plus Research Congress**, Milán, Instituto Politécnico de Milán, 2000.

GARONE GRAVIER, Marina, "Escritura y tipografía para lenguas indígenas: problemas teóricos y metodológicos", en **Ensayos sobre tipografía y lenguaje**, México, Designio, 2004.

GARONE GRAVIER, Marina, "Kuati'a guarani: tres momentos de la edición tipográfica del guaraní (siglos XVII, XIX y XXI)," *V Foro De Las Lenguas Amerindias. Literaturas Indígenas en América Latina*, Barcelona, Casa América de Catalunya, 2010, pp. 133-140.

GARONE GRAVIER, Marina, "La indianización del alfabeto. Recepción y apropiación escrita en América", en *Segundo Congreso de Tipografía de España*, Valencia, 2006.

GARONE GRAVIER, Marina, "Nuevos retratos para las viejas palabras: libros novohispanos en lenguas indígenas", *El libro y sus historias, Istor,* Revista del Centro de Investigaciones y Desarrollo Económico (CIDE), México, año VIII, n. 31, invierno de 2007, pp. 102-117.

GARONE GRAVIER, Marina, "Predicando con el libro en la mano: producción editorial novohispana en lenguas indígenas del norte de México," en Clara Bargellini (coord.), *El arte de las Misiones del Norte de la Nueva España (1600-1821)*, México, Antiguo Colegio de San Ildefonso-UNAM, 2009.

GARONE GRAVIER, Marina, "Semiótica y tipografía. Edición y diseño en lenguas indígenas," Páginas de Guarda. *Revista de Lenguaje*, Edición y Cultura Escrita, Facultad de Filosofía y Letras de la Universidad de Buenos Aires, núm. 6, enero-Junio de 2008.

GARONE GRAVIER, Marina, *Historia de la tipografía colonial para lenguas indígenas*, México, UNAM, 2009, tesis doctoral en Historia del Arte.

GARONE GRAVIER, Marina, *Tipografía y diseño industrial. Estudio teórico e histórico para la representación tipográfica de una lengua indígena*, México, UNAM, 2003, tesis de maestría en Teoría e Historia del Diseño.

GAULTNEY, Victor, *"Multitudinous Alphabets: The design of extended latin typefaces"*, (dirección electrónica: www.sil.org/~gaultney/research.html)

GAUR, Albertine, *Historia de la escritura*, Madrid, Fundación Germán Sánchez Ruiperez, 1990, Biblioteca del editor.

GOODY, Jack (comp.), *Cultura escrita en sociedades tradicionales*, Barcelona, Gedisa, col. Lea, trad. Gloria Vitale y Patricia Willson del inglés, 1996.

GREGORIETTI, Salvatore y Emilia Vassale, *La forma della scrittura*, Milán, Feltrinelli, 1988.

GÜRTLER, André, *"Mayathán"*, Memorias del Encuentro Internacional Revista tipoGráfica, Buenos Aires, Argentina, noviembre de 2001.

HERKOVITS, Melville, *El hombre y sus obras*, México, FCE, 1995.

HOSBAWM, E. J., "¿Son iguales todas las lenguas? Lenguaje, cultura e identidad nacional" en Paul Barker (comp.), *Vivir como iguales*. Apología de la justicia social, México, Paidós, 2000.

INTERNATIONAL PHONETIC ASSOCIATION, *The Handbook of the International Phonetic Association. A guide to the use of the International Phonetic Alphabet*, Cambridge, Cambridge Univesity Press, 1999.

JOHANSSON K., Patrick, *Voces distantes de los aztecas. Estudios sobre la expresión náhuatl prehispánica*, México, Fernández, 1994.

LASTRA, Yolanda, *Sociolingüística para latinoamericanos. Una introducción*, México, El Colegio de México, 1997.

LEÓN-PORTILLA, Miguel, **El destino de la palabra. De la oralidad y los códices mexicanos a la escritura alfabética**, México, FCE-El Colegio Nacional, 1996, Obras de Antropología.

LÉVI-STRAUSS, **Tristes trópicos**, Barcelona, Paidós, 1992.

MACKEY, William, "Diglossia, Biculturalism and Cosmopolitanism in Literature", en **Visible Languaje**, invierno-primavera de 1993, n. 27, p. 40-67.

MANGEL, Alberto, **Una historia de la lectura**, Santafé de Bogotá, Norma, 1999.

OLSON, David, **El mundo sobre papel. El impacto de la lectura y la escritura en la estructura del conocimiento**, Barcelona, Gedisa, 1998, Lea.

PÉREZ GONZÁLEZ, Benjamín, **Fundamentos para la escritura de las lenguas indígenas**, México, INAH, 1983.

PETRUCCI, Armando, **Alfabetismo**, escritura y sociedad, Barcelona, Gedisa, 1999, Lea.

PLATÓN, "Fedro o del amor", en **Diálogos**, México, Porrúa, 1996, Sepan Cuantos 13, p. 657-658.

RUIZ, Elisa, **Hacia una semiología de la escritura**, Madrid, Fundación Germán Sánchez Ruipérez, 1992.

S/A, "Mayathán, la palabra maya", **Revista Tiypo 01**, marzo 2002, p. 2-5.

S/A, Entrevista a André Gürtler sobre la tipografía Mayathán, **Periódico Reforma**, 25 de septiembre de 2003, Cultura, p. 4.

SARKONAK, Ralph y Richard Hodgson, "Seeing Depth: the Practice of Bilingual Writing", en **Visible Languaje**, invierno-primavera de 1993, n. 27, p. 6-39.

SENNER, Wayne, **Los orígenes de la escritura**, México, Siglo Veintiuno, 1998.

SAMPSON, Geoffrey, **Sistemas de escritura: análisis lingüístico**, Barcelona, Gedisa, 1997.

SHAPIRO, Harry (comp.), **Hombre, cultura y sociedad**, México, FCE, 1993.

TYLOR, E. B., **Primitive Culture**, Nueva York, 1874.

VENEZKY, Richard L., "Principles for the Design of Practical Writing Systems", en **Antropological Linguistics**, 1970, vol. XII, p. 256-270.

WILSON, Edmund, **Los rollos del mar Muerto**, México, FCE, 1995, Breviarios 124.

WOLF, Erik, **Pueblos y culturas de Mesoamérica**, México, Era, 1991, Biblioteca Era.

GLOSARIO

Ágrafos: también conocidos como *ahistóricos*, *preletrados*, *aletrados* se usa para finalmente definir a los pueblos que carecen de escritura.

Alfabeto Fonético: El Alfabeto Fonético Internacional (AFI en español, API en francés e IPA en inglés) es un sistema de notación fonética creado por lingüistas. Su propósito es otorgar en forma regularizada, precisa y única la representación de los sonidos de cualquier lenguaje oral, y es usado por lingüistas, logopedas y terapeutas, maestros de lengua extranjera, lexicógrafos y traductores. En su forma básica (en 2005) tiene aproximadamente 107 símbolos base y 55 modificadores. Los símbolos del Alfabeto Fonético Internacional están divididos en tres categorías: letras (que indican sonidos "básicos"), diacríticos (que especifican esos sonidos) y suprasegmentales (que indican cualidades tales como velocidad, tono y acentuación). Estas categorías están divididas en secciones menores: las letras están divididas en vocales y consonantes, y los diacríticos y suprasegmentales están divididos según si indican articulación, fonación, tono, entonación o acentuación. Aunque el AFI fue creado para representar solo aquellas cualidades del habla que son relevantes para el idioma en sí (como la posición de la lengua, modo de articulación, y la separación y acentuación de palabras y sílabas), un conjunto extendido de símbolos llamados AFI Extendido (Extended IPA en inglés) ha sido creado por fonólogos para marcar cualidades del habla que no tienen un efecto directo en el significado (como el crujido de dientes, ceceo (sigmatismo), y sonidos efectuados por personas con paladar hendido o labio leporino).

Alfabetos prácticos: Se denomina así a todos los códigos que sirven para la comunicación escrita: el nuestro es el abecedario de letras latinas, otros podrían ser los sistemas hebreo, cirílico o japonés. Para considerarse práctico, un alfabeto debe ser aceptado socialmente y ser usado por una comunidad de hablantes.

Diacrítico: Un signo diacrítico es un signo gráfico que confiere a los signos escritos (no necesariamente letras) un valor especial. Son diacríticos, por ejemplo: los acentos ortográficos (´ ; `), la diéresis (¨), los signos empleados en el alfabeto fonético, como la oclusión (^) o la nasalización (~), la tilde de la ñ (virgulilla), la cedilla (¸), la colita (˕), la coma (,), el doble acento agudo, (˝), el carón (ˇ) el breve (˘), el macrón (¯), el anillo (°), el punto (.), el acento circunflejo (^), y el garfio (̉).

Dialecto: En lingüística, la palabra dialecto[1] hace referencia a una de las posibles variedades de una lengua;[2] en concreto, un dialecto sería la variante de una lengua asociada con una determinada zona geográfica (de ahí que también se use como término sinónimo la palabra geolecto. Más concretamente, un dialecto es un sistema de signos desgajado de una lengua común, viva o desaparecida, normalmente, con una concreta limitación geográfica, pero sin una fuerte diferenciación frente a otros de origen común. El número de hablantes y el tamaño de la zona dialectal pueden ser variables y un dialecto puede estar, a su vez, dividido en subdialectos (o, hablas). Independientemente de la antigüedad del término, su uso lingüístico se inicia a finales del siglo XIX cuando la lingüística histórica dio paso a la aparición de la dialectología como disciplina lingüística dedicada específicamente a las variedades geográficas de las lenguas. Los dialectos han de ser entendidos como variantes geográficas condicionadas históricamente, esto es, la historia de los contactos lingüísticos es el factor que determina la diferenciación dialectal.

Fonema: Los fonemas son unidades teóricas básicas postuladas para estudiar el nivel fónico-fonológico de una lengua humana. Entre los criterios para decidir, qué constituye o no un fonema se requiere que exista una función distintiva: son sonidos del habla que permiten distinguir palabras en una lengua. Así, los sonidos [p] y [b] son fonemas del español porque existen palabras como /pata/ y /bata/ que tienen significado distinto y su pronunciación sólo difiere en relación con esos dos sonidos (sin embargo en chino los sonidos [p] y [b] son percibidos como variantes posicionales del mismo fonema). Desde un punto de vista estructural, el fonema pertenece a la lengua, mientras que el sonido pertenece al habla. La palabra <casa>, por ejemplo, consta de cuatro fonemas (/k/, /a/, /s/, /a/). A esta misma palabra también corresponden en el habla, acto concreto, cuatro sonidos, a los que la fonología denominará alófonos, y estos últimos pueden variar según el sujeto que lo pronuncie. La distinción fundamental de los conceptos fonema y alófono, está en que el primero es una huella psíquica de la neutralización de los segundos que se efectúan en el habla.

Fonética: La fonética (del griego φωνή (fono) "sonido" o "voz") es el estudio de los sonidos físicos del discurso humano. Es la rama de la lingüística que estudia la producción y percepción de los sonidos de una lengua en específico, con respecto a sus manifestaciones físicas. Sus principales ramas son: fonética experimental, fonética articulatoria, fonemática y fonética acústica.

Función mnemónica: La *nemotecnia* o *mnemotecnia* es el procedimiento de asociación mental de ideas, esquemas, ejercicios sistemáticos, repeticiones, etc., para facilitar el recuerdo de algo. En este caso la escritura cumple con una función mnemónica.

Grafema: En tipografía, un grafema es la unidad mínima de un sistema escrito. Los grafemas incluyen letras, caracteres chinos, caracteres japoneses, numerales, signos de puntuación y otros glifos. En una ortografía fonológica cada grafema se corresponde con un fonema. En sistemas no fonémicos, puede haber varios grafemas representando un solo fonema (caso de la Ch en español). A esto se le llama dígrafo (dos grafemas para un solo fonema) o trígrafo (tres grafemas para un solo fonema). Por ejemplo, la palabra que contiene tres grafemas (q,u,e) pero sólo dos fonemas, ya que qu es aquí un dígrafo. Diferentes glifos pueden representar el mismo grafema. No todos los glifos son grafemas en el sentido fonológico; por ejemplo el logograma "&" representa la palabra latina et que contiene dos fonemas. Los grafemas, más que símbolos fijos, son clases de equivalencia de símbolos gráficos que representan diferentes unidades. Por ejemplo, los símbolos "g" y "g" son distintos gráficamente, pero son el mismo grafema, porque representan lo mismo.

Nómada: Una persona o un pueblo es nómada cuando no tiene un territorio fijo como residencia permanente, sino que se desplaza con frecuencia de un lugar a otro. Dicho hábito es un estilo de vida, una forma de subsistencia y posee una organización social, política, religiosa, administrativa y económica adaptada a ello. El nomadismo designa las más antiguas formas de subsistencia y desarrollo humano y es objeto de estudio de la historia, la antropología, la arqueología, la sociología y la etnografía, especialmente. Desde un punto de vista de eficiencia y sustentabilidad es un estilo de vida congruente pues consiste en mover la población hacia los recursos y no a la inversa.

Reducciones: Las reducciones de indios eran núcleos de población en la que se debían reasentar los indios en la América española, separados de las ciudades donde vivían los españoles.

Sedentario: El sedentarismo es la forma más reciente de población humana en la cual una sociedad deja de ser nómada para establecerse de manera definitiva en una localidad determinada a la que considera como suya. El proceso de sedentarismo comenzó en el neolítico o revolución agrícola hace aproximadamente 10 mil años de manera generalizada en todos los continentes y se consolidó definitivamente con la fundación de las primeras ciudades. La "ciudad" es la cristalización del proceso de sedentarización de la humanidad y dicho proceso perdura hasta la edad contemporánea.

Tradición oral: Se define como tradición oral a la forma de transmitir desde tiempos anteriores la cultura, la experiencia y las tradiciones de una sociedad a través de relatos, cantos, oraciones, leyendas, fábulas, conjuros, mitos, cuentos, etc. Se transmite de padres a hijos, de generación a generación, llegando hasta nuestros días, y tiene como función primordial la de conservar los conocimientos ancestrales a través de los tiempos.

TIPOGRAFÍA Y MARCAS: SISTEMAS GRÁFICOS DE IDENTIDAD CULTURAL
CECILIA CONSOLO

Al hablar de identidad está implícito en el término, un sistema de variables que incluye la noción de tiempo, espacio, lenguajes y tramas de signos que dialogan y constituyen modelos en la dinámica cultural. Considerando cultura, no sólo la producción de lenguajes de comunicación y de artes, sino el conjunto complejo de códigos y normas que se establecen en todas las acciones humanas que generan procedimientos, técnicas, hábitos, ritos, etc. y se manifiestan en prácticamente todos los aspectos de la vida: desde los modos de supervivencia, dominación u ocupación de un territorio, hasta en la preservación de la memoria y la sistematización del conocimiento adquirido. La cultura es un tejido elástico, formado por diversos signos con correspondencia en el mundo físico, natural, y en el mundo imaginario, simbólico, un flujo continuo de vida colectiva, generado a partir de la comunicación y cooperación entre individuos en determinado espacio geográfico y temporal, que se preserva, se transforma y se perfecciona, en constante diálogo con el pasado o en el encuentro con distintos grupos.

La cultura es un sistema. Un sistema es un conjunto de elementos, cuya definición, valores y significados, se da a partir de las relaciones establecidas entre ellos. Estos elementos, donde y cuando son injertados, y actuando sistémicamente, forman la plataforma cultural. Es posible reconocer un objeto como parte de la cultura por posición u oposición, o sea, aquel signo sólo es entendido por la posición que ocupa en aquel sistema, fuera de él puede tener otro significado o ninguno. Por ejemplo, una piedra unida a un pedazo de madera puede ser un martillo en determinado contexto, separada es sólo una piedra, o puede tener otro significado al asumir una posición diversa. O por oposición, entendiendo todo aquello que no es. Solamente reconocemos una forma justamente porque ella no es ninguna de las otras posibles. De esta manera la cultura organiza ciertos datos del mundo y la lectura de esas características permite trazar un perfil de su identidad.

El concepto de identidad está unido a la noción de pertenencia y de delimitación. Identificar es reconocer el aspecto colectivo de un conjunto de características que son propias de alguna cosa en determinado contexto, tiempo y lugar. O sea que cultura e identidad están íntimamente ligadas.

La identidad es reconocida a través de la mirada de individuos que ponen bajo la lupa los hechos vividos, al mismo tiempo que comparten los mismos códigos, creados a partir de una dinámica de interacción con el ambiente físico. El conjunto de códigos (artefactos, comportamientos, ritos, etc.) identifica un grupo, y en algunos casos, un hecho aislado, que se destaca del sistema sígnico, puede ser seleccionado por sus miembros justamente por poseer algunos elementos de diferenciación y ser elegido como marco. Según Freud la identidad se da a través de la exclusión, o sea, por todas las negativas que me llevan a aislarla, o nombrarla diferentemente de todos los otros nombres posibles.

Tanto las sociedades del pasado como las actuales mantienen su cultura compartiendo signos colectivos. Estos pueden ser mantenidos por culto a las tradiciones, o por la repetición de procedimientos técnicos, fruto del aprendizaje y la evolución de la vida en comunidad. Generalmente, cuando una sociedad busca, en el dominio del diseño, elementos que la identifiquen, se eligen los más singulares, que se destacan de los demás, tal vez por la dificultad de hacer un autoanálisis y observar un conjunto de signos comunes a todos los individuos.

La tipografía es uno de los elementos de la construcción del repertorio cultural. Además de establecer lazos profundos de conexión con un idioma, cuando es usada de forma sistémica, en los más variados medios de comunicación, identifica sociedades, instituciones, y hasta países, lo que nos lleva a la asociación inmediata de los signos visuales vinculados al orden de informaciones puntuales. El diseño de tipos establece una mediación con la cultura, que hace que el diseñador de tipos se mantenga en constante estado de observación de las relaciones humanas, de las interacciones afectivas establecidas con el mundo físico y social a su alrededor, a partir de las plataformas sociales de comunicación. Las construcciones simbólicas son tomadas como permanentes, al mismo tiempo que fueron moldeadas desde el origen y están presentes sucesivamente. Ese proceso de significación es incorporado en la dinámica social y puede incluso pasar desapercibido. Ese conjunto de características puede describir una determinada cultura al ser extraídas en algún momento por una mirada ajena, a través de un análisis minucioso.

Los códigos visuales están cargados de significados y con el pasar del tiempo son incorporados en nuevos procesos cognitivos y son resignificados, asumiendo nuevas posiciones en contextos diferentes, sin embargo continúan subyacentes, en las capas más profundas, los referentes de su sistema primario.

EL PROCESO DE IDENTIFICACIÓN

Desde los albores de la civilización los individuos pasaron a incorporar y a adoptar símbolos para construir y determinar su propia identidad.

El proceso de "facilitar" la comunicación o incluso de crear códigos que sintetizan una gran gama de informaciones se originó con la propia historia. Con el pasar del tiempo, la existencia de varias culturas extintas fue comprobada por medio de indicios y rastros de registros gráficos producidos de acuerdo con la técnica disponible en aquel espacio geográfico, o sea, se observó "lo que fue registrado" e incluso "la manera como fue realizado". Una nueva tecnología fue desarrollándose de esa forma y fue resultado de aproximaciones culturales, acúmulo de experiencias y aprovechamiento de recursos naturales disponibles, tornándose ella misma un testimonio de evolución. La técnica utilizada influenció las formas de registro y resultó en una expresión gráfica, y esa información, convertida en códigos visuales, se transformó en un nuevo lenguaje, que al mismo tiempo es uno de los elementos identificadores de aquella cultura.

Dentro del proceso de identificación y diferenciación, los símbolos son siempre extraídos de esos registros en lenguaje visual y son traducciones de la realidad vivida y del imaginario mítico y cultural de cada grupo (pássim JEAN, 2002; BRINGHURST, 2006; MANDEL, 1998).

La escritura, como elemento de pertenencia y de identificación concentra varios niveles de significación para un grupo social. Ella concentra en sí la semiología de la cultura.

A través de la observación de la historia es posible afirmar que los sistemas de registro y escritura partieron de elementos naturales y evolucionaron hacia señales abstractas que resumían una idea o un concepto. ¿Hacia dónde eso nos llevó? Nos llevó al entendimiento de la comunicación por medio de objetos y representaciones, y esos signos que nos rodean son, por otro lado, la forma como entendemos el mundo (BRINGHURST, 2004). Es importante destacar que la estructuración permanente del registro de la historia del mundo sólo ocurrió cuando la escritura, propiamente dicha, fue concebida como sistema, a partir de la elaboración de un conjunto organizado de señales, por medio del cual el hombre pudo registrar y expresar hechos, datos comerciales, propiedades, pensamientos, etc. Ese largo proceso fructificó entre los ríos Tigris y Éufrates, en la Mesopotamia, alrededor de los años 4000 a.C. A partir de ese momento, las relaciones comerciales, invasiones y guerras fueron conformando, para cada pueblo, conjuntos de caracteres particulares, recopilados más tarde por el Imperio Romano, y reunidos en nuestro sistema básico de escritura, el alfabeto romano. (JEAN, 2002:121).

Podemos concluir que la dinámica del proceso, tanto de los sistemas de escritura como de los símbolos derivados de determinadas culturas, sufre hasta cierto punto la contaminación decurrente del enfrentamiento con diferentes grupos culturales, que generalmente los registros históricos tratan como una conmoción, pero que en realidad resulta en una sumatoria, en desdoblamientos de niveles culturales. Lo que ocurre es una fusión o contaminación entre esos sistemas, no siempre resultando en un tercero, sin embargo ambos suman aspectos de uno y otro. Los sistemas se suman o son incorporados y afectan el imaginario de los grupos expuestos a esa interacción.

Esa prerrogativa fue muy bien explicada y analizada por el semiótico Yuri Lotman (1922-1993) en 1984, cuando acuñó el término *semiosfera* para designar el espacio cultural habitado por signos. El término semiosfera fue concebido por Lotman como el dominio en el que todo sistema sígnico podría funcionar, el espacio donde se realizan los procesos comunicativos cuya dinámica genera nuevas informaciones, y el espacio semiótico, fuera del cual sería imposible la existencia de la semiosis. Se trata de la noción por la cual un sistema de signos es concebido como fruto derivado de un tiempo, un espacio y una organización social.

> "Uno de los rasgos distintivos de la semiosfera es su carácter delimitado, lo que lleva al concepto de frontera o límite. El espacio entero de la semiosfera está ocupado por fronteras de niveles diferentes, por límites de lenguajes diferentes. A su vez, cada una de estas sub-semiosferas tiene su propia identidad semiótica (su propio "yo" semiótico) que se construye en relación a las demás. Por otro lado, la semiosfera, como espacio organizado, necesita de un entorno exterior "no organizado" y se lo construye en caso de ausencia de éste" (LOTMAN, 1984: 8).

La comunicación es fruto de un proceso evolutivo en constante movimiento compartido por sus participantes. Gradualmente, más símbolos son incorporados enriqueciéndola y tornándose "abreviaciones" de acciones. El reconocimiento inmediato de esos signos por parte de los miembros de un mismo grupo social, fortalece y amplía la relación con la memoria construida y lleva a la adherencia y a la recepción de un mensaje. En ese sentido, se torna importante la visión de Peirce que afirma: *"el universo entero está permeado por signos, si no es que está compuesto exclusivamente de ellos"* (CP 5.448, n.1).

El signo es todo aquello que está en lugar de alguna cosa para alguien que representa su significado. Los caracteres de los sistemas de escritura, pictogramas, señales de identificación, son imágenes gráficas que representan la realidad física o pensamientos abstractos; son signos dentro de un proceso de comunicación en determinado espacio geográfico. Y pueden ser considerados como símbolos cuando representan y son reconocidos por determinada cultura. Presentan un nombre, un concepto y, al mismo tiempo que denotan características construidas, son también el polo en el cual se cataliza la simbología percibida. Sería a este nivel donde se agrega otra capa con las características atribuidas por el diseño tipográfico, que suman un significado más a todo el conjunto.

EL PROCESO SIMBÓLICO

El uso de señales para la identificación de individuos y grupos es de origen remoto. Por los registros históricos podemos constatar que al principio son convertidos en signos identificadores los elementos pertenecientes a la naturaleza como la fauna o la flora, o una situación geográfica, en un segundo momento, los episodios históricos o ritos culturales. La adopción de ese conjunto de representaciones de la realidad y hábitos, por medio de una señal gráfica, se presenta en la base de todas las culturas, y su vigencia hasta el presente comprueba que aún operamos el mismo sistema cognitivo para la construcción de nuevas identidades.

Si partimos en busca de los orígenes del diseño de símbolos en el pasado más remoto, al estudiar las grutas de Lascaux entenderemos que aquellos dibujos "significan el mundo, en la medida en que reducen las circunstancias cuatridimensionales de tiempo-espacio a escenas" (FLUSSER, 2007:31). Son representaciones que codifican una experiencia y son dejadas como registros de memoria y de existencia.

Hace 1,8 millones de años, el *Homo erectus* fue capaz de crear las primeras herramientas bifaciales, sugiriéndonos que tuvo una mayor capacidad cognitiva en relación a los Australopitecos. Los *Homo heidelbergensis* existieron hace 650 mil años y poseían un cerebro mayor (capacidad craneana de 1.350 cm^3) que el *Homo erectus* (el volumen de su cerebro tenía entre 800 y 1.200 cm3). Esa especie fue capaz de producir herramientas eficaces (con múltiples usos, incluyendo el corte de piel, carne o madera), algunas eran hechas de piedra, tales como puntas de lanza y flecha, o raspadores de madera, hueso o cuerno. Se cree que el fuego habría sido utilizado durante ese período, mejorando las condiciones de vida para la adaptación al frío y a los períodos de escasez de alimentos, promoviendo medios más eficaces de conservación. El hecho que nos interesa aquí, es que, diferentemente de otras especies, el hombre moderno, desde el último período glacial, hace aproximadamente 70 mil años, comienza a conocer y entender los límites de tiempo y espacio, toma conciencia de los conceptos de vida y muerte, y surge el deseo de registrar las situaciones vividas, sus temores y sus conquistas. Esto lo hace a través de símbolos. Los más antiguos registros documentados hasta el momento fueron encontrados en la gruta de Blombos, en Sudáfrica. Los científicos calcularon que los artefactos datan de 77 mil años aproximadamente.

Esas primeras señales consisten en trazos rectos, verticales, probablemente producidos a golpes. Se supone que son señales referentes a cantidades de animales o días, de grupos o miembros de un clan. Esas mismas señales que se resumen en trazos sintéticos, en una combinación sistémica, evolucionaron hacia una cruz, que pasó a representar brazos, piernas, hombres, buscando una figuración del mundo físico, y revelan la evolución del raciocinio abstracto, demostrando la capacidad de análisis y reflexión sobre sí mismo y sobre el conocimiento.

Manos en Cuevas de las Manos, caverna próxima a la ciudad de Perito Moreno, en la provincia de Santa Cruz, Argentina. Es un riquísimo sitio arqueológico y paleontológico, que data del año 14 mil a.C., las inscripciones remiten a un ritual o registro de los miembros de una tribu. La mayoría de ellos eran diestros.

En el proceso de interacción con el mundo, todo puede ser considerado una señal, como las manifestaciones climáticas, una rama partida, una huella, el cambio de color de la vegetación en las diferentes estaciones, etc. Pero en este análisis, estamos considerando las señales gráficas, perceptibles a través de la visión, producidas intencionalmente como registro de identificación, propiedad y memoria. Una señal producida por el hombre que se tornó un signo en determinado contexto social, formulada, concebida en determinado hábitat, y fruto del enfrentamiento de la relación de individuos o de grupos diferentes donde se estableció una necesidad de comunicación.

La imagen muestra la existencia de un grupo primitivo a través del registro de sus propias manos sobre la pared rocosa. Existía la noción de identidad, no es una misma mano la que se repite, aquí existe una demostración de vida social, apunta un número de personas de un grupo, revelando una posible necesidad de identificar cada uno de sus miembros.

El proceso de generación de marcas de identificación comienza justamente con las tentativas de representación del propio individuo, acentuando sus trazos de exclusión de un conjunto de características de un grupo o de subgrupos. El etnólogo, arqueólogo, paleontólogo, paleo-antropólogo y antropólogo francés, André Leroi-Gourhan (1911-1986) se dedicó al estudio de las figuras geométricas encontradas en las grutas de Lascaux en Francia, buscando la relación entre la tecnología empleada y las síntesis producidas en los registros gráficos. Su estudio sobre la evolución por medio de la organización del lenguaje y uso de las manos acabaría por llevar al libro *Evolución y técnica*. En esa obra, Leroi-Gourhan ofrece una visión general sobre el comportamiento material del hombre, y reconoce que fue el hecho de los humanos tener las manos libres lo que proporcionó la evolución del lenguaje, puesto que la boca ya no era más el principal instrumento de caza ni tampoco era usada en el transporte de los pesados alimentos. La mano pasó a ser tan significativa que este fue uno de los primeros signos registrados. La silueta de la mano, en varios sitios arqueológicos como en las Cuevas de las Manos en Argentina, aparece clara en las piedras con su contorno pintado con tinta roja o negra, una mezcla de pigmentos y saliva resultado de la masticación de carbón o plantas, en la cual la saliva actuaba como aglutinante y fijador.

Mucho antes que Leroi-Gourhan hubiese descubierto esas cavernas, Darwin ya había formulado la teoría de la liberación del uso de las manos, citando a Aristóteles, en la historia que precede a *El origen de las especies por medio de la selección natural*, afirmando que fue esa evolución la que posibilitó que el ser humano se tornase lo que es hoy.

La observación de las señales catalogadas por Gourhan demuestra que el diseño contemporáneo opera en las mismas bases y que la construcción de sentido se da en la combinación, identificación y reconocimiento de esas señales para determinadas audiencias. Un símbolo abrevia un proceso de comunicación. La fluidez de los mensajes adquiere velocidad e identificación inmediata cuando estos son mediados por símbolos catalizadores de repertorios y contenidos ya pertenecientes al imaginario cognitivo.

A pesar de que una gran mayoría de naciones use el mismo alfabeto, el diseño atribuido a cada uno de sus caracteres acaba por resignificar conceptos, intercalando capas de información, desde nuestro origen geográfico incluyendo todas las superposiciones culturales que se conformaron sobre él en el transcurso de la historia. Incluso la extrañeza manifestada por parte de otros grupos culturales rivales contribuye para su propiedad de atribuir unidad, individualidad a aquel sistema, aunque permanezca oculto en toda la evolución subsecuente, se mantiene sobre ese mismo eje. Su significado puede hasta ser totalmente modificado, lo que puede ser atestiguado por el uso de la esvástica en el siglo XX. A pesar de estar su imagen directamente vinculada al Régimen Nazi, registros revelan su presencia hace más de 3.000 años en algunas monedas utilizadas en la antigua Mesopotamia. Y se puede encontrar en otros grupos posteriores como los indios navajos y los mayas, que presentan ese mismo símbolo en artefactos de su cultura material. Sin embargo un análisis profundo sobre su desarrollo entre civilizaciones rescatará, en algún momento su origen y las posiciones que ocupó en la cultura a lo largo de la historia.

Para entender su función connotativa es preciso entender en qué punto de la malla cultural ese diseño se inserta en su organización sintáctica. La construcción simbólica de un concepto y su papel en las interacciones sociales, más que nunca se tornaron prioritarios por la abreviación de entendimiento que pueden favorecer dentro de los procesos de comunicación. Esos signos son absorbidos por grupos culturales y su continuidad se produce justamente cuando se establece identificación y afectividad ligadas a ese elemento identificador.

Tal vez este sea el quid de la cuestión sobre las formas de marcar la identidad de nuestras naciones. Somos todos latinoamericanos, somos parte del mismo bloque continental, sin embargo tenemos características distintas que queremos revelar. Y cuando las revelamos, identificamos aspectos aislados, que se destacaron por ser manifestaciones sin igual, y son tomados como identidad de toda una sociedad en aquella situación histórica. A partir de ese punto tal signo es incorporado como un referente de aquella cultura, promoviendo así una circularidad del conocimiento.

TERRITORIO Y CULTURA

Puede parecer exagerado el uso del término *contaminación* asociado a la idea de territorio, mas básicamente la dinámica que se impuso en el continente, desde la llegada de los colonizadores ibéricos, fue siempre una cuestión de conquista y delimitación de dominios, y posteriormente surgieron los movimientos nacionalistas que insuflaron las luchas y debates sobre identidad y afirmación cultural de las varias regiones del territorio.

El proceso de identidad se da por el reconocimiento de los elementos que más caracterizan un grupo o región o por la consagración de determinados símbolos que encuentran resonancia para la mayoría de los individuos de un grupo social, por su uso sistemático y principalmente por su constancia formal.

Mientras más relevancia y resonancia en el proceso cognitivo, mayor la adherencia y permanencia del uso de esa señal como signo visual identificador. Así, la síntesis visual concentra una gama profunda de significados, incluso subjetivos, y reúne a los individuos de determinada audiencia en torno de un elemento unificador.

Imperios adoptaron marcas para identificar su legado. Gremios de artesanos identificaban sus construcciones. Estancieros y artesanos identificaban sus rebaños y productos. Todos los productos de las actividades humanas hoy son identificados por símbolos y marcas. Las marcas participan de todos los estratos sociales y culturales y, además de promover el reconocimiento inmediato, se tornaron también una llave de acceso a todo "imaginario" y al conocimiento relacionado a lo que representan. Las marcas, y por consecuencia, la tipografía usada en su construcción, se tornan a lo largo de la historia constructos de la cultura, acumulan la función intrínseca de comunicar aquello que "significan" y es posible recuperar parte de la historia solamente reconociendo su origen territorial, su configuración analítica interna, la construcción de sus íconos, y el espacio social que reside dentro de una determinada cultura. El modo en que ese proceso ocurre puede ser ilustrado por el Alfabeto Romano – *Capitalis Monumentalis* –, una derivación y evolución a partir de los alfabetos griego y etrusco, se impuso mucho más allá de su función como código dentro de un proceso de escritura. Sus caracteres esculpidos en muros, monumentos o incluso en manuscritos, marcaron la representación y la presencia del dominio del Imperio Romano en los territorios ocupados. Las tipografías romanas (tipos verticales, con serifas definidas, modulado en los trazos y eje humanístico), mismo con las variaciones posteriores o las más contemporáneas, aún son asociadas al concepto de austeridad, rigor, disciplina y formalidad, siendo ampliamente utilizadas en el medio académico, legal y financiero, por ejemplo.

De este modo, el empleo de un signo verbal, un nombre en un embalaje y sus características de composición tipográfica, cromática y simbólica, brindan todas las informaciones construidas al respecto de aquella institución. Una marca de producto acciona el conocimiento acumulado y la imagen percibida sobre determinada organización. Son signos aprendidos, de la misma forma que incorporamos en nuestra memoria cognitiva las señales de seguridad o advertencia que nos alejan de un peligro inminente. Con la complejidad de la vida social nuevos símbolos son generados y amplían la significación de otros. El proceso de identidad es un flujo intermitente de elección de los elementos de diferenciación y generación de una gramática que refuerce sus significados. No sólo la tensión social y la necesidad de comunicación moldean una cultura. Las relaciones económicas, como siempre lo hicieron, establecen un orden de importancia. El imaginario del grupo e apega a las tendencias estéticas de los dominantes – una asociación directa con las nociones de poder, valor y superioridad.

Como queda demostrado en el capítulo inicial de este libro, la cultura europea en torno de la tipografía se sucedió de forma diferente en cada país. Nosotros la asimilamos y la incorporamos en las formas particulares de expresión gráfica. La cultura es un proceso histórico, los sucesos conforman, refuerzan o destruyen procesos anteriores conforme la organización económica y política. Para ilustrarlo, podemos tomar como ejemplo una tipografía muy característica en el territorio mexicano, las góticas. Un hecho ocurrido del otro lado del mundo influenció los signos que pueden ser relacionados con la identidad mexicana actual. En la región sur del país, hace cerca de dos mil años, la civilización Maya, una cultura mesoamericana (México moderno, Guatemala, Belice, Honduras y El Salvador), consiguió elaborar un sistema de signos estructurado y sofisticado, que representaba la lengua hablada a través de la escritura, con la misma eficiencia. Ese sistema fue el más evolucionado entre las culturas precolombinas, ninguna otra llegó a desarrollar una escritura propia. Sus caracteres son resultado de la maduración de un largo proceso civilizatorio compuesto por relaciones entre varios grupos sociales, que representaban sonidos y símbolos, y cargaban consigo una significación del mundo físico, espiritual y político. Solamente sociedades muy organizadas generaron sistemas originales de escritura. La conversión de todo un nivel cultural en un signo demuestra una evolución cognitiva. Sin embargo todo ese legado fue prácticamente diezmado con la llegada de los colonizadores en el siglo XVI. Los españoles también traían consigo una historia tipográfica.

A mediados del siglo XI, monjes del norte de Europa dieron una forma definida a las góticas, probablemente sistematizando el código y estableciendo una reserva de acceso al conocimiento producido en la época en los monasterios, no obstante, pasadas cuatro décadas, el estilo estaba difundido por toda Europa. Los primeros tipos móviles desarrollados para el sistema de impresión de Gutenberg eran letras góticas. En seguida el aspecto gráfico de esos tipos se tornó una característica de la Imprenta en Portugal y España, ya que las coronas importaron la tecnología creada por los alemanes. Principalmente en Sevilla, gracias a Isabel La Católica que en 1482 reconoció la importancia cultural de la Imprenta declarando la exención impositiva de impuestos y facilitando el establecimiento de oficinas tipográficas. En el año 1490, se realizaría la primera impresión de la península.

Conocidos como los "Cuatro Compañeros Alemanes", Pablo de Colonia, Juan Pegnitzer, Magnus Herbst y Thomas Glokner imprimieron más de 40 obras hasta 1503. El gusto español por las góticas fue introducido en la colonia mexicana a través del pedido de Fray Juan Zumárraga, el obispo de México, y del Virrey del Consejo de las Indias. El 12 de junio de 1539 Juan Cromberger, hijo de Jacobo Cromberger, impresor alemán judío, partió del puerto de Sevilla en un barco que transportaba una prensa para imprimir, matrices xilográficas, tipos móviles de madera y metal, una gran cantidad de papel y todos los demás utensilios necesarios para la impresión.

La estructura gótica que salió de Alemania para imprimir el primer libro en Sevilla y varios otros en la primera oficina de impresión del continente sudamericano, continúa presente, en el rótulo de la prestigiosa cerveza Corona (1926), producto de mayor reconocimiento nacional y que ocupa hoy el 7º lugar en el ranking de las 50 marcas más valiosas de América Latina, siendo la segunda marca más valiosa de México.

Corona Extra es la marca de cerveza más popular en México, elaborado por Grupo Modelo, la cervecería fundada en 1925, que posee alrededor del 63% del mercado de cerveza en México, es también el mayor exportador de bebidas en el país. En junio de 2012, el grupo belga-brasileño InBev AB anunció la compra total de la cervecería.

NEBRIJA, Antonio
Aelij Antonij Nebrissensis gramatici introductionum latinaru vltima recognitio Fadrique de Basilea, *ano 1498*
Inc/2887
Biblioteca Nacional de Espanha Incunable español de una obra fundamental para la lengua española. El filólogo y humanista Antonio de Nebrija inicia su labor con las Introductiones latinae en 1481 que traduce al castellano en 1488 a instancias de Isabel la Católica.

PADILLA, Juan de
Retablo de la vida de Cristo
Sevilla : Jacobo de Cromberger, 1528
R/41320
Biblioteca Nacional de España Ejemplar impreso por Jacobo Cromberger, padre de la dinastía de impresores que instalados en la ciudad de Sevilla la convertirán en el establecimiento tipográfico más importante de España en el siglo XVI.

Los signos Maya, a su vez, sobrevivieron en sitios arqueológicos y en escasísimos libros, que se salvaron de ser quemados por los colonizadores o por la iglesia que los consideraba literatura pagana. Esos ejemplares eran producidos en tela sobre la cual aplicaban una película de cal blanca, formando superficies rígidas que recibían el dibujo de los caracteres e ilustraciones. Esos cartones u hojas eran unidos entre sí por las laterales, formando una tira larga que era doblada en páginas, plegadas como un acordeón. Pero la circularidad del conocimiento hace que se retorne siempre al punto inicial. Como expuesto en el capítulo anterior, GARONE demuestra con apuro la necesidad de recuperación de las lenguas nativas, hasta como una revalorización de las culturas originales del continente.

De los Mayas, podemos tomar como ejemplo una iniciativa de la diseñadora salvadoreña Frida Larios, cuyo proyecto de maestría en 2004, llevó a la creación de una fuente ideográfica llamada *New Maya*. La escritura Maya original era simultáneamente ideográfica y logosilábica. La fuente *New Maya* es una apropiación de ciertos ideogramas y su rediseño tiene la intención de crear símbolos que comunican conceptos derivados e incluso frases enteras. Su trabajo es semejante al principio de construcción de los ideogramas chinos donde la raíz primaria puede ser combinada con otros pictogramas para generar compuestos o ideas más complejas, por ejemplo los ideogramas 'Piedra' + 'Fuego' combinados resultan en 'Lava'. La idea de Larios está siendo utilizada en diferentes áreas del diseño,

Ejemplo original de la escritura maya: Estela A– Siete estelas y once altares forman el Sitio Arqueológico de Copán, Honduras. Los registros escritos datan 435 hasta 822 DC.

New Lenguaje Maya, 2004. El proyecto se destaca como un intento de explorar y reinventar la caligrafía Maya como un sistema simbólico y estético desde la perspectiva de Frida Larios, Embajadora del proyecto INDIGO /Icograda (International Indigenous Design Network), diseñadora y creadora del nuevo lenguaje pictográfico.

siempre con la intención de afirmar la identidad de origen, siendo aplicada en marcas, diseño de información, de moda y de productos. Es una visión y propuesta de proyecto desde dentro del sistema que vivió la aculturación de los idiomas y alfabetos europeos. No es más el Maya original, pero es una revisión que permite que esos signos sean incorporados con función idiomática y simbólica en nuevos procesos de comunicación.

Al observar la historia de la humanidad, notaremos que la cultura occidental ocupa una fracción muy pequeña de tiempo. Esas influencias y superposiciones siempre estuvieron presentes en el proceso civilizatorio. No hay mejor ni peor, sólo la constatación de que un nuevo hecho o "descubrimiento" no surge sin la contribución de los acontecimientos y conocimiento acumulados que lo precedieron.

DE LOS ALFABETOS A LAS MARCAS

A fines del siglo XX, el inicio del proceso de globalización despertó en la región un deseo de definir, o hasta rescatar, trazos de los orígenes nativos e identificar las expresiones populares como elementos diferenciadores e identificadores de determinados grupos o regiones. La tipografía se introducía en la revolución digital y muchos diseñadores de tipos resolvieron explorar la libertad que las nuevas tecnologías permitían con *hardwares* y *softwares* accesibles. La cultura tipográfica se dio de forma distinta entre los países de la región y podemos notar, tomando a Brasil como ejemplo, en donde la enseñanza de la tipografía se instaló mucho más tarde, que las primeras producciones originales de tipos se apoyan en relecturas de las fuentes clásicas, o en la observación de las características de la caligrafía de personajes de la historia y en manifestaciones de letreros populares. La gran mayoría de las primeras fuentes digitales eran pictográficas – los *dingbats* – para las cuales eran convertidos diversos íconos de la cultura, y fuentes *display*, diseñadas a partir de tipos clásicos.

Varias relecturas de Bodoni, Times e Futura, entre otras, aun con toda la libertad que el momento proporcionaba, comprueban la teoría de que operamos sobre la experiencia del pasado, y que hubo una hibridación en relación a las culturas que eran consideradas como impuestas. El hecho de inspirarse en los letreros populares o en personajes que hicieron parte del cotidiano de algún pueblo o ciudad, demuestra la necesidad de buscar algo "no contaminado", ingenuo, original, y colabora con la afirmación de que elegimos manifestaciones singulares como ejemplo de identidad para un grupo.

Muchas son las producciones basadas en referencias vernáculas que se dieron en Brasil, y en la mayoría de los casos el propio dibujo recuperado de las calles fue transformado en fuentes, después de ser digitalizado. Literatura de cordel, rótulos de productos populares producidos de forma artesanal, hierros de marcar ganado, entre otros tantos, sirvieron de referencia para las nuevas fuentes digitales que buscaban la identidad brasilera. Sin embargo, durante el proceso de refinamiento y sistematización de los caracteres, solamente una pequeña parte de los proyectos sufrió una traducción del diseño, proporcionando una propuesta más amplia de uso de esas fuentes.

La fuente Ghentileza Regular (2001), proyecto de Luciano Cardinali (1963), está basada en las manifestaciones gráficas de un beato – conocido como Profeta Gentileza – que deambulaba por las calles del país pregonando mensajes de paz, fe, optimismo y claro, gentileza. Escribía sus mensajes en estandartes y también en grandes extensiones de muros y pilastras de puentes. La contribución de ese proyecto es el hecho de no ser una reproducción exacta de los caracteres del beato. Cardinali sistematizó un alfabeto, regularizando el diseño de los tipos, atribuyendo peso y trazo uniforme, *preservando el imaginario popular de aquellas letras en cualquier texto.* Los caracteres poseen ciertos remates y curvaturas que remiten al universo visual de los hierros de marcar ganado ('flechas', 'alas', 'ramas') y es característica la repetición de letras [*RRR*, *SSS*] que el profeta usaba, probablemente para dar énfasis a las palabras y "enseñanzas". El propósito era establecer un paralelo entre la crudeza del trazo auténtico de la cultura popular y su traducción "erudita", dentro de los parámetros técnicos de una tipografía industrial. Es una contribución que amplía el repertorio de signos culturales, son utilizados en libros que hablan sobre el profeta y sobre Brasil en diversos aspectos, y no ligados a su semántica de origen.

Ghentileza Regular e Original, de Luciano Cardinali

El siguiente ejemplo demuestra uno de los males de la cultura brasilera, ya que representa la baja instrucción de una considerable parte de la población. La fuente Brasilêro (2001) de Crystian Cruz (1978), inspirada en los letreros informales, es una crítica contumaz a las políticas sobre educación y no sólo ilustra un hecho aislado, sino características comunes de la población menos favorecida. Esa tipografía probablemente permanecerá como una referencia cultural de un momento de la historia hasta cuando no exista más el analfabetismo en el país. La fuente retrata los errores de grafía más comunes (*n* y *s* invertidos), la colocación de minúsculas en medio de mayúsculas (*g*, *j*, *y*, *i*), y el uso de astas no uniformes y desalineadas. Está compuesta predominantemente de mayúsculas pero dispuestas en dos tamaños, o sea, para cada letra existen dos versiones con dibujos diferentes, uno de mayor tamaño y otro más pequeño.

Brasilero, de Crystian Cruz

De este modo, palabras con letras repetidas pueden tener caracteres diferentes y preservar el aspecto genuino de una escritura informal, no "mecanizada". Su uso en materiales impresos está ampliamente difundido, en Brasil y también en publicaciones del exterior.

Otro ejemplo es la fuente Marola de Billy Bacon (1968), retomando el mismo proceso de nuestros antepasados, la fuente buscó referencias en la naturaleza, una característica de la geografía del país. Un país donde la población se concentra en las proximidades de sus 7.300 quilómetros de costa. No es una mezcla de elementos que forman un conjunto de signos aislados, el propio sistema proporciona característica de vaivén, como el movimiento del agua, en la formación de las palabras y frases. Está fuente es un resultado típico de la manipulación de las formas por el ordenador. La fuente permite el intercalado de mayúsculas y minúsculas aleatoriamente en medio del texto acentuando sus características de movimiento, sin comprometer la legibilidad.

Marola, de Billy Bacon

Algunas de esas fuentes vernáculas fueron incorporadas al diseño de marcas y logotipos, como extractos de "genuinidad nacional". Seguramente, esas nuevas producciones ofrecieron al campo del diseño un vasto acervo de referencial simbólico. Durante ese proceso, dentro de la dinámica de generación de nuevos significados, ¿Qué fue lo que realmente apuntó para una solución original? ¿Puede existir un proyecto que evidencie características de toda una sociedad? ¿Puede haber una producción original libre de todo el bagaje cultural que la precedió?

Nos reconocemos como parte de un grupo al compartir los mismos códigos y ritos. Algunos elementos presentes en nuestro cotidiano nos colocan en una dimensión de tiempo y lugar, como el periódico diario, las facturas de consumo de agua y energía, el rótulo de cerveza, el embalaje de leche y demás ítems que componen nuestra mesa del desayuno, entre tantos otros servicios y productos con sus marcas que ocupan el imaginario de cada uno. El universo de las marcas se convirtió en uno de los espacios favorables para la expresión tipográfica.

Actualmente, muchas marcas tienen más influencia que países enteros, la cultura y el poder de determinadas naciones se mezclan con la imagen que sus marcas alcanzan en la economía internacional. Existen algunas corporaciones multinacionales, cuyas marcas hasta llegan a tener más fuerza que gobiernos y extrapolan el vínculo con sus países de origen. Con la multiplicación de las plataformas mediáticas en una dinámica que envuelve todos los puntos de contacto de la comunicación, la construcción del imaginario de las marcas y su constante afirmación o resignificación son potencializadas. Tanto la gestión como su sistema visual se tornaron organismos "vivos". Están acuñadas en los más variados objetos de consumo, que no tienen relación con la línea de productos que representan, variando de accesorios escolares hasta piezas de vestuario, simplemente por ser signos que exprimen una ideología, una idea, un comportamiento a ser compartido. Son adoptadas como signo que compone la identidad de alguien, usadas como una postura asumida o una característica de carácter, de posicionamiento como consumidores o usuarios, a punto de ser hasta tatuadas en la piel. Las marcas se tornaron elementos indicadores de la personalidad de determinada persona en perfiles publicados en las redes sociales.

Tiendas que venden de todo y cualquier objeto "impreso" con marcas de alcance global, como dulces, chicles, variando de dispositivos electrónicos a refrescos, proliferaron por el planeta. En tiendas experienciales de marcas de consumo, se encuentran productos que varían de juguetes a pijamas, atraen públicos de todas las edades y son "comprados" por los consumidores, como por ejemplo la tienda de confites M&Ms en Nueva York, que se ha convertido en un gran *shopping* para los aficionados. Las marcas se tornaron catalizadoras de comportamientos y forman parte de la vida y de la historia de las personas, como también componen el imaginario y la historia de sus países.

Un ejemplo de identidad nacional es la marca de cigarros Cohiba como parte integrante de la imagen cubana. El habano forma parte del imaginario de ese país y Cohiba es la marca de mayor prestigio internacional en el mundo del tabaco. Las industrias cubanas fueron nacionalizadas en 1962, después de la revolución, principalmente las industrias de tabaco. Esa marca de producto de excelencia fue creada en 1968 dedicando su producción únicamente al consumo personal de Fidel Castro y del alto escalón del partido comunista. Fidel ofrecía los cigarros Cohiba como regalo diplomático para autoridades extranjeras en visitas oficiales. En 1982 la marca es abierta para comercialización tornándose la marca *super-premium* de habanos. El rótulo es una antítesis de los tradicionales rótulos barrocos y decorados, que ostentan hojas de oro, imágenes en sepia y metáforas bíblicas, temas comúnmente empleados en esa categoría de productos. La autoría del rótulo es desconocida, pero pueden notarse interesantes superposiciones culturales pueden ser notadas aquí. Cuando en 1492, Cristóbal Colón llegó al continente, anclando en las Antillas – territorio actual de las Bahamas y Cuba – encontró a los indios Taíno, un subgrupo de los indios Arawak. Estos nativos tenían el hábito de fumar hojas curadas, que llamaban Cohiba (nombre dado a la hierba en la lengua arahuaca). Para eso usaban una "pipa" o cánula hueca para aspirar el humo proveniente de la quema de las hojas, que era llamado por los nativos tabago (tubo en la lengua arahuaca).

Cohiba es una marca original de cigarrillos cubanos, La marca nace en 1966, adquiriendo fama rápidamente a partir del registro de la marca en 1969. Algunos la sitúan como la mejor marca de puros habanos, y generalmente obtiene las puntuaciones máximas en las competiciones internacionales. La marca Cohiba se vende en todos los países con excepción de en los Estados Unidos, donde su venta está prohibida por el Embargo estadounidense (de ámbito comercial, económico y financiero) impuesto a Cuba en el pasado.

Según relatos de la tripulación de Colón, se prefirió la definición del instrumento a la de la hierba pues desde el siglo IX ya era conocida por los españoles la palabra *Tabbaq*, de origen árabe, para designar diversas hierbas con efecto somnífero. En 1535, la palabra tabaco aparece por primera vez en el Diálogo de la lengua, de Juan de Valdés.

Se emplea como símbolo de la marca la efigie estilizada de un nativo taíno. Podemos incluso especular que la trama que vemos al fondo del embalaje hace alusión a las redes desarrolladas por los taínos, usadas como cama. No eran redes de tela, sino que eran construidas con cuerdas o hilos finos tensados y cruzados, sujetos entre dos puntos. Ese tipo de red es uno de los artefactos más característicos de ese grupo étnico.

El empleo del amarillo puede ser alusivo a las hojas curadas del tabaco, de acuerdo a la descripción de los integrantes de la flota de Colón eran "hojas doradas enrolladas". El dorado puede también traer para el rótulo una referencia cromática de los envases comúnmente usados para este producto y su relación con la noción calidad de primera. Curiosamente, la tipografía de la marca es una neo-grotesca sans serif, ligeramente expandida y con peso acentuado, que fue muy difundida a fines del siglo XIX e inicio del siglo XX en Europa y principalmente en los Estados Unidos. La carencia de cultura tipográfica resultó en la adopción de un tipo vinculado al imaginario "imperialista".

El mercado de embalajes es el sector del diseño que más moviliza inversiones. Una infinidad de rediseños de embalajes de un mismo producto ocurre todos los días, con la intención de mantener el atractivo para los consumidores, y probablemente son perdidas innumerables oportunidades de vincular la tipografía nacional con la imagen de valor de esas marcas.

Un gran fenómeno de América Latina es la producción de la fundición de tipos argentina Sudtipos. Fundada en 2002 por Alejandro Paul (1972), profesor y director de arte que actuó en grandes agencias de Buenos Aires dedicadas a las marcas corporativas de alto perfil como Arcor, Procter & Gamble, SC Johnson y Danone, entre otras. Sus proyectos tipográficos componen una variada gama de estilos que simulan la caligrafía y rotulación. Son ampliamente empleados en marcas de productos cuyos embalajes son el gran vehículo de comunicación. Es posible incluso inferir que dentro de su gestualidad y la fluidez de sus proyectos, la libertad y expresividad de sus caracteres, puede verse el reflejo de una cierta influencia del fileteado porteño, tradicional pintura originada en la ciudad de Buenos Aires, que a su vez sufrió influencia del *art nouveau*, rica en ornamentos y detalles.

Desde el punto de vista cognitivo, cuando el desarrollo de una idea sobrepasa el límite de lo que ella misma representa, y se potencializa en un significado más amplio que exprime la propia cultura, termina transformándose en lenguaje. Eso explica la adopción de las fuentes producidas por la Sudtipos en proyectos de otros países y continentes. Sus fuentes extrapolaron las fronteras y están presentes en embalajes de todo el mundo. En 2011, durante el *Letter.2*, segundo

Ricota, de Alejandro Paul   Cupcake, de Alejandro Paul

concurso promovido por la ATypI – Asociación Tipográfica Internacional, que tuvo lugar en Buenos Aires, su fuente Piel Script fue premiada como una de las mejores fuentes de la década.

Sugar Pie, de Alejandro Paul

*Piel Script,
de Alejandro Paul*

IDENTIDADES NACIONALES Y MARCAS

Todos los años son calculados *rankings* con las marcas más valiosas de cada país, de los continentes y del mundo. Son varias estadísticas publicadas basándose en el valor financiero de la marca, en la lealtad de los clientes, o en la memoria espontánea de la marca en su categoría. En el *ranking* de 2012 publicado en el *Financial Times*, cuyo análisis y evaluación fueron realizados por la *Brand Analytics*, se eligieron las 50 marcas más valiosas de América Latina, entre las cuales solamente cinco países del continente están presentes, Brasil, México, Chile, Colombia y Argentina. En el caso de muchas de las marcas que figuran en las primeras posiciones el diseño de sus logos fue elaborado por agencias de la región, lo que es un excelente indicador. Para las dos marcas argentinas, YPF (energía) y Telecom (comunicación), las identidades son de responsabilidad del estudio argentino Fontana Diseño. Brasil aparece con 15 marcas y en solamente 3 de ellas el diseño de sus marcas fue concebido por agencias de diseño de fuera del país. Si hacemos un análisis en particular de las empresas de energía: la marca Petrobras, lidera en primer lugar, su diseño actual creado por la brasileña PVDI Design, es una evolución del rediseño de la marca concebida por Aloísio Magalhães en 1970. La marca es símbolo de orgullo nacional así como las demás marcas lo deben ser para sus respectivos países. La mayoría de las marcas sistematizan en sus guías de actuación, el uso institucional de familias tipográficas generalmente diseñadas, con mucha eficiencia, por *type foundries* europeas y americanas. Esas fuentes son nuevamente incorporadas al repertorio cultural a través de la circulación de productos y servicios, y son consideradas como un modelo para aquel tipo de producto, resultando en una normalización que desmotiva. Ya las marcas que alcanzaron ese nivel de valor, con pesadas inversiones en el área de tecnología, también invierten una parte en el diseño de fuentes propias para reafirmar su potencial e identidad.

Comparación de las empresas de energía que están presentes en el *ranking*:

Petrobras/Brasil - 1° lugar en el ranking de las 50 marcas más valiosas de 2012, luce los colores de la bandera brasileña. Hasta el cierre de esta edición la fuente institucional estaba aún en fase de desarrollo a cargo de la Dalton Maag de Brasil.

Ecopetrol/Colombia - 11° lugar - diseño de Logotipo alfabeto institucional por Alejandro Paul, Argentina.

YPF/Argentina – 17° lugar - Diseño de Logotipo alfabeto institucional por Fontana Diseño, Argentina.

Marcas que son signos de identidad de sus países, deberían tener la preocupación estratégica de incluir la tipografía como uno de los elementos identificadores principales ampliando la presencia y extensión de la marca. En el *ranking*, muchas marcas son fuertes en sus países y pocas son de hecho latinoamericanas. La marca Claro es realmente latinoamericana, seguida por Petrobras, Lan, Itaú y Brahma. En el caso de expansión de las marcas para más allá de sus fronteras, la identidad tipográfica sólo tiende a contribuir.

¿En qué circunstancias la tipografía podría ser requerida como forma de identidad nacional?
Un excelente ejemplo sería la iniciativa que tuvo lugar en México, la fuente PRESIDENCIA de Gabriel Martínez Meave (1971), que talvez haya sido una gran estrategia de identidad nacional. El sistema fue especialmente diseñado para el Gobierno Federal de México, presidido por Felipe Calderón Hinojosa (1962), quien asumió el cargo en 2006. El proyecto fue solicitado por el estudio Ideograma, de Cuernavaca, de Juan Carlos Fernández. La fuente impregnó todas las instancias de comunicación, estando presente en las calles, en el metro, en la señalización vial, en los comunicados oficiales, anuncios de prensa y como propia identidad de aquella gestión. Infelizmente, por cuestiones políticas, el sistema fue abandonado tras el cambio de gobierno, y pasaron a usar la fuente Trajan, una elección nada original.

Otras importantes oportunidades, de gran visibilidad, que la mayoría de los países en algún momento podrían aprovechar e infelizmente dejan pasar, son los eventos que promocionan el país, casos raros que colocan ciudades y países en el centro del mundo. Infelizmente, el proceso de la marca de la Copa Mundial de Fútbol de 2014, en Brasil, siguió un camino controvertido, la marca resultante no representa al país, no establece vínculos con la cultura, ni mucho menos

La tipografía Presidencia de Gabriel Martínez Meave, 2006. El autor se inspiró en los aspectos de la arquitectura Tolteca y Azteca. Diseñado para el uso exclusivo del Gobierno Federal de México, es una familia de 20 variantes para cubrir todos los usos posibles: documentos oficiales, institucionales, señalización, campañas publicitárias etc.

con el imaginario brasileño referente al fútbol. Por el contrario, el proyecto para la Marca de las Olimpíadas de 2016, con sede en la ciudad de Río de Janeiro, en Brasil, fue bien conducido por el comité olímpico, abriendo para la participación de los estudios nacionales. El proyecto vencedor fue elaborado por la agencia carioca Tátil Design, y posteriormente, la fuente tipográfica desarrollada a partir del logotipo creado por ellos quedó a cargo de la sucursal brasileña de la Dalton Maag de Londres. El símbolo es una fusión del signo

La Marca de las Olimpíadas de 2016, con sede en la ciudad de Rio de Janeiro, en Brasil, proyecto elaborado por la agencia carioca Tátil Design, y posteriormente, la fuente tipográfica desarrollada a partir del logotipo creado por ellos quedó a cargo de la sucursal brasileña de la Dalton Maag de Londres.

más destacado del paisaje de Rio de Janeiro, el Pan de Azúcar, sumado a la amabilidad y unión que puede traducir el ideal atlético, y a la hospitalidad brasileña. El logotipo concebido por la Tátil, al igual que todo el sistema tipográfico, carga una cierta *malemolência*[1], término que expresa el ritmo, la danza y el comportamiento que forma parte del espíritu brasileño.

---

1   *Comportamiento, acción o cadencia que denota maña, malicia o un cierto encanto. Habilidad en los movimientos de ciertos bailarines de samba, que expresa una cierta irreverencia en el modo de vivir.*

Todas las marcas nacionales oficiales deberían tener la preocupación de expandir la imagen del país. Principalmente las marcas de divulgación del patrimonio material e inmaterial. Son oportunidades donde la tipografía gana dimensión de identidad y traduce la cultura en códigos visuales. Un buen ejemplo es el proyecto liderado por el órgano del Ministerio de Turismo del Perú – PromPeru (Perú Exportaciones y Comisión de Promoción del Turismo), para la marca oficial del país. El diseño fue proyectado a comienzos de 2011 por el estudio *Futurebrand* de Buenos Aires. La marca fue concebida para ser una herramienta de valorización de las mercaderías peruanas exportadas, como un sello de procedencia y autenticidad. El presidente de la Asociación de Exportadores del Perú – ADEX, José Luis Silva, comentó que *"tres mil productos peruanos o más están en las mesas de los consumidores en todo el mundo. Nosotros precisamos colocar la marca en todos estos productos."*

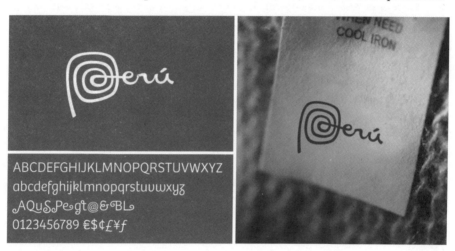

El Proyecto comenzó en julio de 2009 desarrollado por la FutureBrand argentina, como parte de una estratégia de promoción del país en el exterior, buscando impulsar el turismo e incrementar las exportaciones.

La marca es un logograma, apenas con una letra P sugerida por la espiral que establece vínculos visuales con los sitios arqueológicos peruanos, en especial con las construcciones en terrazas de Caral y Moray, y con los geoglifos del desierto de Nazca.

Caral, se encuentra en el Valle de Supe, a 200 quilómetros al norte de Lima. Fue una sociedad compleja precolombina, que incluyó cerca de 30 grandes centros poblacionales, en la que es hoy la región centro-norte de la costa del Perú. Es la más antigua civilización encontrada en las Américas. Floreció entre los siglos 30 y 18 a.C., en el neolítico pre-cerámico. Moray queda aproximadamente a 50 km al noroeste de Cuzco en una meseta a cerca de 3.500 m de altitud. El sitio contiene ruinas incas, en su mayoría compuestas por enormes depresiones circulares surcadas sobre el terreno. En el desierto de Nazca se encuentran varias figuras compuestas por líneas continuas.

La marca huye del patrón de las tipografías sin serifas comúnmente empleadas en ese tipo de marca. Es una adaptación de la fuente *Bree*, de la fundición TypeTogether, que adecuó la fuente comercial *Bree* para la marca, la Bree Peru, compuesta por varios caracteres con adornos y lazos en espiral, las dos versiones serán usadas en el sistema de identidad. El @, carácter que será muy usado en la comunicación, ganó un rediseño que sugiere la espiral ampliando la relación de la tipografía institucional con la marca.

El diseño de tipos no sólo posibilita atribuir una cierta personalidad a un conjunto de caracteres. Es una herramienta con un alcance mucho mayor tanto como elemento simbólico como también como agente de identidad, así lo fue en varios momentos de la historia, desde los primeros tipos hasta el impulso de la era digital.

La identidad no debe ser construida pensando solamente en los espectadores a distancia. Las asociaciones con nuestros orígenes, con nuestro espacio geográfico, y con eventos históricos y contemporáneos son altamente valorizadas y reconocidas por los participantes de la propia cultura. Cuando eso ocurre existe adherencia local, y esas nuevas señales son incorporadas y valorizadas en el complejo código cultural. Y una vez que existe adhesión, permanece y es asimilado, usado, y pasa a transportar un significado expandido. El proceso de identidad jamás cesa, es un flujo continuo de vida colectiva, generado a partir de la comunicación y cooperación entre individuos en determinado espacio geográfico y temporal, que se preserva, se transforma, se perfecciona, en constante diálogo con el pasado o en el encuentro con diferentes grupos.

REFERENCIAS

BATTISTINI, Matilde. *Symboles et allégories*. Paris: Éditions Hazan, 2004.

BIEDERMANN, Hans. *Encyclopédie des symboles*. Tradução para o francês de Françoise Périgaut. Paris: La Pochothèque, 1996.

BONSIEPE, Gui. *Design, cultura e sociedade*. São Paulo: Blucher, 2011.

BRINGHURST, Robert. *A forma sólida da linguagem*. São Paulo: Edições Rosari, 2006.

BUDELMANN, Kevin; KIM, Yang; WOZNIAK, Curt. *Brand identity essentials*. Beverly: Rockport, 2010.

BUSSAGLI, Marco. *Le corps: anatomie et symboles*. Paris: Éditions Hazan, 2006.

CHAVES, Norberto. *La imagen corporativa: teoría y práctica de la identificación institucional*. 3. ed. Barcelona: Ediciones G. Gili, 2005.

CONSOLO, Cecilia (Org.). *Anatomia do design: uma análise do design gráfico brasileiro*. São Paulo: Blucher, 2009.

_____. *Marcas – a expansão simbólica da identidade: origem da metodologia projetual das marcas corporativas e revisão dos métodos de implantação dos sistemas de uso*. 224 P. 2012 – Tese de doutorado em ciência da comunicação – São Paulo: Universidade de São Paulo – USP, Programa de Pós-graduação da Escola de Comunicação e Artes, 2012.

FERRARA, Lucrécia D'Alessio. *Comunicação espaço e cultura*. São Paulo: Annablume, 2008.

FINKE, Gail Deibler. *Urban identities*. Nova York: Madison Square Press, 1998.

FLUSSER, Vilém. *O mundo codificado: por uma filosofia do design e da comunicação*. São Paulo: Cosac Naify, 2007.

_____. *A forma das coisas*. Lisboa: Relógio D'água Editores, 2010.

_____. *Língua e realidade*. São Paulo: Herder, 1963.

FRUTIGER, Adrian. *Reflexiones sobre signos y caracteres*. Barcelona: Editorial Gustavo Gili, 2007.

HYLAND, Angus; KING, Emily. Identités graphiques & culturelles. Paris: Pyramyd, 2006.

_____ ; BATEMAN, Steven. *Symbol*. London: Laurence King, 2011.

HOLT, D. B. *Como as marcas se tornaram ícones: os princípios do branding cultural*. São Paulo: Cultrix, 2005.

JAKOBSON, Roman. *Linguística e comunicação*. 7. ed. São Paulo: Cultrix, 1974.

KRAMPEN, Martin; GÖTTE, **Michael;** KNEIDL, Michael. The world of signs: communication by pictographs. Ludwigsburg: Aveditions, 2007.

LAVAL, Léon; RAVIDAD, Marcel; MARSAL, Jaques; BREUIL, Henri. *Lascaux*. In: AUJOULAT, Norbert. Dados e fotografia disponíveis: Centre National de la Préhistoire de France (CNP). Acesso em: 30 nov. 2012.

LEROI-GOURHAN, André. *Evolução e técnicas II – meio e técnicas*. v. 2. Lisboa: Edições 70, 1984.

_____. *Le fil du Temps: Ethnologie et préhistoire*. Paris: Fayard, 1983.

LOTMAN, Yuri M. *El símbolo en el sistema de la cultura*. Escritos. Revista del Centro de Ciencias del Lenguaje – Número 8, enero-diciembre 1993, p. 47-60.

_____. *La semiosfera I: semiótica de la cultura y del texto*. Madrid: Ediciones Cátedra, 1996.

_____. *Cultura y explosión. Lo previsible y lo imprevisible en los procesos de cambio social*. Barcelona: Gedisa Editorial, 1999.

MACHADO, Irene (Org.). *Semiótica da cultura e semiosfera*. São Paulo: Annablume/FAPESP, 2007.

MALNAR, Joy Monice; VODVARKA, Frank. *Sensory design*. Minneapolis: University of Minnesota Press, 2004.

MANDEL, Ladislas. *Escritas: Espelho dos homens e das sociedades*. São Paulo: Rosari, 1998.

MASSIRONI, Manfredo. *The psychology of graphic images – seeing, drawing, communicating*. Mahwah: Lawrence Erlbaum Associates, 2002.

MCCRACKEN, Grant. *Cultura e consumo: n*ovas abordagens ao caráter simbólico dos bens e das atividades de consumo. Rio de Janeiro: Mauad, 2003.

MCDONAGH, Donna et al. *Design and emotion: the experience of everyday things*. London: Taylor and Francis, 2004.

OLINS, Wally. *El libro de las marcas*. Barcelona: Océano, 2009.

_____. *The new guide to identity: how to create and sustain change through managing identity*. Aldershot: Gower Publishing, 1995.

RAPAILLE, Clotaire. *O código cultural: por que somos tão diferentes na forma de viver, comprar e amar? 3*. ed. Rio de Janeiro: Elsevier, 2007.

RAPELLI, Paola. *Symboles du pouvoir*. Paris: Éditions Hazan, 2005.

REMAURY, Bruno. *Marcas y relatos: la marca frente al imaginario cultural contemporáneo*. Barcelona: Ediciones G. Gili, 2004.

RIEL, Cees B. M. Van; BALMER, John M.T. *Corporate identity: the concept, its measuring and management*. Bradford: MCB University Press. In: European Journal of Marketing, v. 31, n° 5/6, p. 340-355, 1997.

SANTAELLA, Lucia; NÖTH, Winfried. *Imagem: cognição, semiótica, mídia*. São Paulo: Iluminuras, 1999.

_____. *Semiótica aplicada*. São Paulo: Pioneira Thomson Learning, 2005.

SHAW, Paul. *Blackletter: Type and National Identity*. Nova York: The Cooper Union for the Advancement of science and art, 1998.

SOUZA, S. M. R. *Design, marketing, comunicação: particularidades e intersecções*. Revista Comunicações e Artes, 1. ed. v. 20, n. 30, p. 40-49, São Paulo, 1997.

LA LETRA EN LATINOAMÉRICA
RUBÉN FONTANA

1. UNA HISTORIA DE CINCO SIGLOS

La tipografía llegó a América de la mano de la conquista, que impuso no solo el idioma y la manera de llamar a las cosas, sino también la forma de anotar los sonidos con que se expresaban en sus lenguas los habitantes del lugar, quienes en algunos casos ya disponían de sofisticadas maneras de escritura hasta entonces desconocidas por los europeos, escrituras que fueron ignoradas y que los colonizadores procuraron eliminar.

Los europeos ingresaron al subcontinente las formas tipográficas para anotar el idioma, pero no la tecnología para producirlas. Prácticamente nadie de estas tierras pudo pensar la letra ni tampoco producirla desde sus necesidades; hubo que conformarse con utilizarla, con aplicarla según los usos y limitaciones impuestos por los conquistadores.

Las fuentes arribaban con las estructuras de los países que las producían, y, a veces, dependiendo del lugar de origen, sin todas las letras para componer los idiomas que a partir de ese momento iban a comunicar: fundamentalmente el castellano y el portugués, y también algunas lenguas nativas. Esta situación se prolongó por casi 500 años.

EL APRENDIZAJE DEL OFICIO

Mientras que en Europa la experiencia relacionada con la tipografía reconoce los orígenes en los oficios de los escribas, los calígrafos, los tipógrafos, los cortadores de matrices, los punzonistas, los fundidores y los impresores, la tipografía latinoamericana debió seguir los patrones de un desarrollo que le era ajeno. La letra continuó siendo patrimonio de la cultura y la industria de los que habían llevado a cabo la conquista comenzada a finales del siglo XV por los españoles, y seguida unos pocos años después por los portugueses. (A fines del siglo XVII, la llegada de británicos, franceses y holandeses, producto del mismo interés depredador, solo involucró en la región espacios con poblaciones más reducidas).

En este marco, para abastecer las necesidades que imponía la imprenta, se fue desarrollando el oficio del que componía textos. Este conjunto de saberes se enseñaba directamente en los talleres de imprenta, como complemento necesario del oficio de impresor o, mucho más adelante, ya en el siglo XX, también en escuelas técnicas o profesionales. Latinoamérica careció entonces de una experiencia progresiva, y por ello naturalmente formativa, de conocimiento de la génesis de la letra y de producción de los signos tipográficos.

Sin lazos sólidos con el acervo del oficio, el estudio de la tipografía y la producción tipográfica se harán en la región de manera académica, obviando las etapas que en el viejo continente la actividad había acumulado desde sus orígenes. Los que estudiamos la tipografía tenemos una desconexión con el saber propio de la era del metal, que fue el origen nada menos que de las leyes del espaciado y las medidas de la tipografía. Ese caudal histórico, imprescindible para una interpretación acabada del tema, fue incorporado, necesariamente, no de manera natural y progresiva, sino como un saber cerrado, encapsulado.

LOS CAMBIOS TECNOLÓGICOS Y LOS COMIENZOS DE LA ENSEÑANZA DE LA TIPOGRAFÍA EN LA UNIVERSIDAD

En la década del '50 del siglo XX, entre la época de la tipografía en metal y la era digital, existió un cambio tecnológico que descolocó a las generaciones vinculadas al oficio: la imprenta fue dejando de lado las máquinas de impresión directa, en la que la cara de los tipos dejaban la huella de la tinta sobre la superficie del papel. Por cuestiones de rapidez y economía, los impresores se volcaron masivamente a la tecnología de la reproducción indirecta, el offset, que en lugar de utilizar los tipos fundidos en metal –que ocupaban lugar y eran pesados–, empleaba una tecnología más abstracta: las páginas de texto se producían por fotocomposición, y luego se reproducían en una película. En la imprenta, un libro pasó de ser un conjunto de formas metálicas ensambladas a ser una sucesión de películas que prácticamente no ocupaban lugar y que agilizaron las formas de reproducción.

En ese contexto algunos de los conocimientos preexistentes dejaron de pesar. La antigua técnica de composición se perdió, y se pasó en muy poco tiempo del rigor de la estructura metálica a una situación que permitía una intervención sin límites. Con las nuevas tecnologías los textos se podían apretar o superponer, agrandar o achicar a voluntad. Se podía hacer o deshacer lo que se quisiera a partir de una búsqueda formal no siempre culta de los que intervenían en el armado del libro. A partir de ese momento el resultado visual perseguido se constituyó en el único condicionante de la página.

En nuestros países, la enseñanza de la tipografía como disciplina integral, se inicia a finales de los años '80 del siglo XX, cuando se la incluye en los planes de estudio de las carreras universitarias de diseño. Es que cuando hablamos de tipografía latinoamericana estamos refiriéndonos a un hacer con muy pocos años de tradición. Esa cercanía cronológica hace difícil cualquier tarea de evaluación y, a partir de allí, decantar un discurso objetivo acerca de su estado.

Aunque se podrían reconocer experiencias individuales previas, ligadas a procesos de dibujo manual, el diseño y la producción de fuentes tipográficas ingresó a Latinoamérica de la mano de la computadora personal, es decir unos cinco siglos después de Gutenberg, algo más de 400 años después de Garamond, y 200 después de Bodoni.

En la Argentina, la ya instalada enseñanza del diseño gráfico a nivel universitario pronto detectó el vacío producido por la carencia del conocimiento tipográfico y la ausencia de especialistas en la materia para abastecer las necesidades de formación.

UNA EXPERIENCIA SINGULAR:
LA TIPOGRAFÍA EN LA UNIVERSIDAD DE BUENOS AIRES

Lo acontecido en la Universidad de Buenos Aires en 1987 muestra cómo una serie de circunstancias no previstas permitieron el desarrollo de la tipografía. Se trata de un caso conocido, y que no debe tener muchas diferencias con lo sucedido en otros lugares de la región. Una de estas circunstancias fue la necesidad de dictar una asignatura cuatrimestral electiva, ya que el programa de estudios establecía un grupo de materias de ese tipo, entre las que los estudiantes debían optar. Esa electiva se llamó Introducción a la Tipografía y me tocó dictarla en el año 1987.

La característica saliente de esta experiencia fue haber pensado la materia desde lo proyectual, sin apelar a recursos tecnológicos sobre los que apoyarse. En efecto, había que enseñar a plantear la puesta en página desde una perspectiva visual y técnica, generar el espacio para dialogar con el pasado e incursionar en la intimidad de los signos y las palabras. La formación en tipografía no podía considerarse como la aplicación de los signos para confeccionar un mensaje, sino que debía incursionar en lo medular: la intimidad de la letra y el comportamiento de esta en la palabra.

Elaboré el primer programa de estudio recurriendo a experiencias conocidas del viejo continente, a la manera en que se impartía la enseñanza de la tipografía en otras escuelas del mundo. Concluida esa primera experiencia, los trabajos realizados fueron expuestos ante los alumnos y el director de la carrera de Diseño Gráfico. En el mismo acto se explicaron los objetivos y la trascendencia que la materia podía tener para la formación de los futuros diseñadores. La sorpresa al ver los resultados provocó no solo el interés de los estudiantes, sino también la decisión de las autoridades de impartir esa cultura tan específica a todos los alumnos que cursaban la carrera.

Dada la aceptación de la propuesta, y mientras se elaboraba el programa que permitiría la incorporación de la materia al plan de estudios oficial, la enseñanza se llevó a cabo a través de un seminario anual, para lo que tuve que improvisar una primera cátedra compuesta por algo más de una decena de docentes. Como había sucedido con la primera experiencia, se trataba de un seminario optativo: los alumnos no tenían ninguna obligación de cursarlo, pero para sorpresa de todos, la concurrencia fue masiva.

Ya consolidado el espacio, durante los primeros años hubo que observar el comportamiento que asumían los estudiantes frente a las tareas propuestas, e ir adaptando estas en función de captar el interés, pues no hay "recetas" únicas en este sentido y en cada medio las formas de enseñar y aprender una misma cosa pueden ser diferentes. Este ajuste se realizó a partir de la evaluación constante de los resultados obtenidos e incluyó una corrección minuciosa de la forma de los ejercicios, procurando no sacrificar objetivos.

Encarada de esta manera, el interés que despertó la educación tipográfica fue progresivo; los alumnos comenzaban a descubrir que el diseño se articulaba desde la tipografía y que en su lenguaje había saberes históricos, proyectuales y funcionales, pero básicamente un futuro, que hasta ese momento no habían considerado en toda su dimensión.

La aprobación del nuevo programa de estudios obligó a organizar más grupos docentes para conformar otras cátedras. Estas estaban integradas por profesores de distintas disciplinas; algunos estaban interesados en desarrollar la historia, mientras que otros estaban motivados por la caligrafía, la morfología o las ediciones; sus conocimientos acerca de la tipografía provenían de lecturas históricas, técnicas y biográficas. Había también en el grupo estudiantes que habían hecho sus primeras incursiones en el seminario y que tenían la experiencia de los trabajos prácticos realizados.

Dos décadas y media después de estas experiencias pioneras, la carrera de Diseño Gráfico de la UBA tiene en su nivel de grado seis cátedras simultáneas de tipografía que abastecen la demanda estudiantil y entre las que los estudiantes pueden elegir la que resulte más afín a sus intereses. Desconozco si en los países vecinos se ha dado la posibilidad de una formación tan dinámica, tanto de docentes como de estudiantes.

En la estructura de una carrera que suma cuatro años de grado, hoy esta materia ocupa dos cursos anuales obligatorios (240 horas) y uno optativo (120 horas adicionales). Esta carga horaria jerarquizó la propuesta y le dio un carácter de materia medular, básicamente porque permitió la profundización de los contenidos.

Como un modo de mostrar lo producido en cada cursada, las cátedras comenzaron a hacer exposiciones de los trabajos realizados por los estudiantes, así como reuniones de intercambio. Con el tiempo se sumaron al núcleo de docentes los que por entonces se dedicaban profesionalmente a las ediciones y la tipografía, lo que permitió relacionar lo que ocurría en las aulas con la realidad del oficio en la calle.

Esta dinámica, unida a las condiciones sociopolíticas de la última década, posibilitó seguir profundizando la formación a través del intercambio, lo que llevó a crear cursos de especialización que se implementaron según las posibilidades y necesidades de cada país: diplomados en Chile, maestrías y otras carreras de posgrado en México y la Argentina, programas de investigación en Brasil, Paraguay y otros países de la región. Es decir, estamos en los inicios de otro escalón de este desarrollo, que puede volver a ser exponencial.

La enseñanza en la universidad terminó por abrir otros espacios que comenzaron a actuar en simultáneo; tal el caso de las publicaciones especializadas, la edición de libros, la organización de grupos profesionales de estudio, etc., que ampliaron aún más las posibilidades de conocimiento.

2. EL DESARROLLO DE UN PENSAMIENTO TIPOGRÁFICO LOCAL

En la década de 1980 todas las publicaciones sobre tipografía que llegaban a Latinoamérica estaban editadas en inglés, francés, alemán o italiano. Desde que la enseñanza de la tipografía se incluyó en la oferta académica de la región, hubo que pensar en elaborar textos en los idiomas que se hablan en nuestros países, para que acompañaran el dictado de los cursos. Además, si se quería tener una visión diferente no alcanzaba con enseñar la materia: había que desarrollar el músculo del pensamiento local; era el momento propicio para rodearla de bibliografía y de opinión generada por los mismos interesados.

LA REVISTA *TIPOGRÁFICA*

En 1987 y en ese contexto nació la revista *Tipográfica*, una publicación que personalmente había pensado hacer con algunos colegas amigos, y que a poco de andar se constituyó en una de las bases bibliográficas de recurrente consulta para alumnos y docentes. Más allá de servir como referencia para complementar una experiencia educativa, *Tipográfica* (tpG) se había propuesto el objetivo de incorporar bibliografía especializada en el idioma local. Desde el nacimiento de esta publicación se tuvo muy presente que el marco de interés excedía lo que ocurría en la Argentina y que había que intentar construir un espacio más grande, pues las necesidades existían por igual en toda Latinoamérica.

La revista tuvo notas específicas sobre tipografía y desde el comienzo contó como columnista a Martin Solomon, un incansable entusiasta de la difusión de la tipografía, que desde su país – Estados Unidos – enviaba colaboraciones que fueron instruyendo a las primeras generaciones de interesados. Para los que hacíamos la revista, más que como un complemento de la labor educativa, tpG debía comportarse como una escuela, donde a través de las distintas entregas se pudieran acumular los conocimientos; nuestra idea era que más que ser una publicación, cumpliera los roles de una escuela editada.

Con el correr de los números, la revista comenzó a ser solicitada desde distintos lugares del mundo y hubo que traducirla – paradójicamente – al inglés.

Este hecho hizo pensar en que podía ser editada en varios países al mismo tiempo, y al respecto se mantuvieron conversaciones con editores de Chile, Brasil y España, que por distintas razones no alcanzaron a cristalizar. Esa misma difusión y su compromiso con la calidad la hicieron más específica y le fueron abriendo espacios hasta convertirla en uno de los medios de referencia. Como una manera de ratificar sus objetivos, a partir del primer número del año 1995 aplicó a sus textos una de las primeras fuentes diseñadas en la región para uso editorial, la tipografía Fontana, y unos pocos años después introdujo un segundo diseño, la fuente Andralis.

Además de los textos de los colegas de Latinoamérica, en las páginas de tpG se publicaron notas de Axel Bertram, Peter Bilak, Robert Bringhurst, Christopher Burke, Matthew Carter, Adrian Frutiger, Lucas de Grot, André Gürtler, Robin Kinross, Gerry Leonidas, Martin Majoor, Jan Middendorp, Thomas Phinney, Jean François Porchez, Rosemary Sassoon, Fred Smeijers, Erik Spiekermann, Sumner Stone, Gerard Unger, Wolfgang Weingart, Hermann Zapf, Maxim Zhukov y muchos otros referentes de la tipografía mundial.

La revista puso también un gran empeño en comunicar las opiniones de los docentes y profesionales de Latinoamérica toda, algo que antes de su aparición estaba sumamente limitado, pues la tipografía no tenía cabida en otros medios y por donde no existía la tradición de un discurso específico.

Junto a la edición de la revista, se realizaron una cantidad de acciones para apuntalar la difusión de la tipografía. Para festejar los aniversarios de su aparición, por ejemplo, se organizaron conferencias, congresos y exposiciones. Los acontecimientos más significativos ocurrieron al cumplirse 7, 10 y 15 años de la primera publicación. El primero, realizado en la galería Ruth Benzacar, consistió en una muestra con los trabajos enviados por diseñadores de todo el mundo, que habían sido convocados para diseñar una portada conmemorativa.

Entre las 192 respuestas estuvieron los trabajos de Félix Beltrán, Pierre Bernard, Claude Dieterich, Alan Fletcher, Milton Glaser, Uwe Loesch, João Machado, Lech Majewsky, Victor Margolin, Alexa Nosal, István Orosz, Santiago Pol, Jan Rajlich, Stefano Rovai, América Sánchez, Shigeo Fukuda, Martin Solomon, Boris Trofimov, Niklaus Troxler y muchos otros afectuosos saludos gráficos de colegas latinoamericanos.

Tres años después y a propósito de los diez años se organizó una serie de conferencias cuyos invitados fueron Norberto Chaves, Silvia Fernández, Jorge Frascara, Gerard París Clavel, Martin Solomon e Yves Zimmermann. Las dos jornadas realizadas en el teatro Broadway de Buenos Aires convocaron a más de 1.600 concurrentes cada día.

En el año 2001 y con motivo de los 15 años se realizó «Tipográfica Buenos Aires», un congreso especializado que se brindó íntegramente en idioma castellano y al que asistieron más de 700 concurrentes. Allí disertaron calificados tipógrafos, como Matthew Carter, Lucas de Grot, André Gürtler, Gerry Leonidas, Rosemary Sassoon y Erik Spiekermann, actuando como coordinador de la mesa redonda Jorge Frascara. También tuvieron su espacio de opinión referentes locales, entre los que se encontraban Pablo Cosgaya, Diego Giaccone, Zalma Jalluf, Alejandro Lo Celso, Ernesto Rinaldi, Guillermo Stein y quien escribe este texto, que alternaron sus discursos con los reconocidos maestros internacionales.

Para la oportunidad y como hecho singular, se hicieron en el Centro Cultural Borges diez exposiciones temáticas simultáneas que sirvieron de marco para el festejo del aniversario. Para una de ellas se convocó a los diseñadores de la región a participar en una exposición colectiva de fuentes tipográficas. Por iniciativa de Zalma Jalluf, esa muestra recibió el nombre de «Letras Latinas». Inicialmente había sido pensada con un objetivo más modesto que el que le tocó cumplir: solo pretendía mostrar que en Latinoamérica también se había comenzado a diseñar tipografía.

A esta exposición se presentaron 142 alfabetos. «Letras Latinas» pronto fue un indicador de la atención y el fervor por el nuevo conocimiento y un escenario donde exhibir, confrontar críticamente y medir los avances cualitativos que empezaban a producirse. La muestra significó para muchos la posibilidad de evaluar socialmente, entre colegas y abiertos al público general, las capacidades, vicios y exigencias de nuestro muy incipiente trabajo de tipógrafos.

EL NACIMIENTO DE LA BIENAL «LETRAS LATINAS»

El éxito de «Letras Latinas» llevó a pensar en hacer una convocatoria cada dos años. Así surgió la bienal, que se llevó a cabo por primera vez en el año 2004. Aunque fue generada en la Argentina, ya estaba latente la idea de una convocatoria latinoamericana, por lo que colegas de Brasil, Chile y México fueron invitados a participar en la organización. Dada la falta de antecedentes en la región, aquella integración ya parecía un milagro.

Aquí cabe una pequeña digresión. A diferencia de Europa y el norte de América, que hasta entonces habían desarrollado toda la industria de la tipografía y por lo tanto manejaban recursos económicos, estos emprendimientos latinoamericanos eran totalmente gratuitos y se realizaban sin lucro alguno. Esto, que podía parecer un detalle, redundó en la participación de cientos de incipientes diseñadores de tipos, que solamente tenían que enviar sus trabajos por correo electrónico.

Cada sede, por su parte, debía encontrar los medios económicos y materiales para llevar la bienal adelante. Esto se tradujo en el casi anónimo esfuerzo de pequeños grupos de personas que ofrecieron su tiempo y se pusieron sobre sus hombros la responsabilidad y organización de las muestras.

Para la selección de los trabajos de la primera bienal se invitó a un miembro por cada país concurrente. Intervinieron Francisco Calles (Mx), Luciano Cardinali (Br), Francisco Gálvez (Cl), Rubén Fontana (Ar) y como jurado alternativo, Pablo Cosgaya (Ar). El jurado, que sesionó en Buenos Aires, recibió 235 trabajos, llegados desde ocho países de la región.

La exposición se realizó simultáneamente en los cuatro países participantes, en ciudades y ámbitos masivos. Posiblemente esta decisión fue determinante para la difusión, pues entre los principales objetivos estaba el de que la exposición estuviera abierta a todo público. Posteriormente, cada sede asumió la promoción y la circulación de la exposición por distintas ciudades de su país y por otras naciones vecinas.

En forma paralela a la exposición y con el propósito de movilizar a la concurrencia a la muestra, se realizaron cursos y numerosas y diversas actividades y conferencias específicas, que hicieron mucho para impulsar las instancias de enseñanza organizadas por las casas de estudio. «Letras Latinas» se convirtió en un acontecimiento educativo y también didáctico.

LA SEGUNDA BIENAL «LETRAS LATINAS»

La repercusión de la primera bienal propició la reiteración en el año 2006. Para ella, a las sedes mencionadas anteriormente se sumaron Perú, Uruguay, Colombia y Venezuela. La selección de los diseños se realizó en Brasil. En esa oportunidad los jurados fueron Luciano Cardinali (Br), Juan Carlos Darias (Ve), Priscila Farías (Br), Rubén Fontana (Ar), Vicente Lamónaca (Ur), Candelaria Moreno (Pe), César Puertas (Co) y Rodrigo Ramírez (Cl), quienes eligieron las 70 fuentes que se expondrían en todos los países.

En esta nueva versión se incrementó la participación a 427 trabajos, procedentes de la Argentina, Brasil, Colombia, Cuba, Chile, El Salvador, México, Paraguay, Perú, Uruguay y Venezuela. Estábamos ante un fenómeno de características continentales. Su energía y madurez, y la calidad y variedad de las propuestas confirmaban que transitábamos un camino promisorio.

En 2006, las salas de exposición de «Letras Latinas» fueron visitadas por muchos diseñadores, pero también recibieron contingentes de alumnos de escuelas primarias y secundarias; hubo docentes de escuela inicial y hasta médicos que participaron de actividades y conferencias con aportes muy valiosos para el oficio tipográfico. Estos encuentros produjeron nuevos núcleos de trabajo orientados a la investigación.

Apoyando el festejo de sus 20 años, la revista *Tipográfica* instituyó entonces los premios tpG a cada categoría: tipografías especiales para textos, títulos, pantallas, experimentales y fuentes de misceláneas. Estos reconocimientos fueron otorgados a Víctor García (Ar), Daniel Hernández (Cl), Ángel Koziupa y Alejandro Paul (Ar), Rogelio Lienzo (Br) y Juan Montoreano (Ar).

En diciembre de 2007 y tras 20 años de edición ininterrumpida la revista *Tipográfica* dejó de publicarse y con ella se cerraron todas las acciones que desarolló durante su existencia: congresos, exposiciones, ediciones y, básicamente «Letras Latinas», uno de los más potentes impulsores de la nueva tipografía del subcontinente.

http://www.tipografica.com

«TIPOS LATINOS»

Un año después del cierre de *Tipográfica*, y con el propósito de continuar la idea, un grupo de colegas conformó la bienal «Tipos Latinos», organización también independiente, de características y objetivos similares a los de su antecesora, y que se propuso involucrar a más países y también a optimizar la réplica de la muestra en ciudades del interior de cada país.

En mayo de 2008 esta nueva organización realizó la tercera bienal, la primera de «Tipos Latinos», que involucró a tres nuevas sedes – Bolivia, Ecuador y Paraguay – que se sumaron a la Argentina, Brasil, Chile, Colombia, México, Perú, Uruguay y Venezuela. En esa oportunidad se recibieron 423 trabajos, y la selección realizada en el puerto de Veracruz, México, contó como jurados a Francisco Calles (Mx), Luciano Cardinali (Br), Juan Carlos Darias (Ve), Vicente Lamónaca (Uy), Alejandro Lo Celso (Ar), Ignacio Martínez (Co) y Luciano Vergara (Cl). Este jurado otorgó la distinción Constancia de excelencia a Jesús Barrientos (Mx), Francisco Gálvez Pizarro (Cl), Raúl García Plancarte (Mx), Miguel Hernández (Cl), Gabriel Martínez Meave (Mx), Fernando de Mello Vargas (Br), Javier Quintana (Cl) y Alejandro Paul (Ar).

La cuarta bienal, en 2010, se desarrolló con la misma intensidad y aceptación por los diseñadores de Latinoamérica. Actuaron como jurados Francisco Calles (Mx), Juan Heilborn (Py), Fabio López (Br), Hugo Rivera Scott (Cl), Marcela Romero (Ar) y José de los Santos (Uy). Las constancias de excelencia de esta bienal se distribuyeron entre Manuel Guerrero (Mx), Cristóbal Hernestrosa (Mx), Alejandro Paul (Ar), Raúl Plancarte (Mx) y Martín Sommaruga (Uy).

En mayo de 2012 se llevó a cabo la quinta bienal. Participaron 366 trabajos que arribaron desde 16 países. En la jura, que se realizó en Caracas, intervinieron Francisco Calles (Mx), Juan Carlos Darias (Ve), Miguel Hernández (Cl), Fabio López (Br), Darío Muhafara (Ar), Viviana Monsalve (Co) y Gustavo Wojciechowski (Uy). Los miembros del jurado seleccionaron para exponer 76 proyectos y en forma unánime decidieron otorgar una mención de excelencia para la fuente Alegreya ht Pro, de Juan Pablo del Peral. Las referencias de estas últimas bienales pueden encontrarse en: http://www.tiposlatinos.com.

Tan importante como la bienal es el movimiento cultural que la rodea y que permite intercambiar experiencias entre las sedes y también entre los profesionales participantes: la bienal incentiva el diálogo entre colegas – especialistas o principiantes – y permite corroborar el nivel alcanzado en el área por los países participantes.

3. MÁS PUBLICACIONES, MÁS EVENTOS

En Brasil surgió *Tipografía Brasilis*, otra publicación que acompañó las muestras tipográficas organizadas en São Paulo por Cecilia Consolo y Luciano Cardinali. Por primera vez se realizó en el año 2000 y fue una exposición pionera de este nuevo movimiento de la tipografía en la región. A esta le sucedieron en 2001 y 2002 otras dos con similares características; ambas estuvieron documentadas por sendas ediciones impresas de *Tipografía Brasilis*.

Estas muestras y publicaciones fueron el resultado de esfuerzos individuales y se realizaron en el espacio museográfico de la FAAP (Fundação Armando Alvares Penteado). La idea rectora fue la de llevar la producción de la tipografía contemporánea a ese espacio de enseñanza, pues en los cursos de diseño de la institución – Cecilia Consolo había sido contratada allí como profesora – no se hacía mención alguna a la tipografía.

La enseñanza de la tipografía no tenía un lugar en las universidades, sino en los cursos técnicos o profesionales de la industria gráfica de Brasil. Había conciencia de la importancia del conocimiento tipográfico en el marco de un proyecto de diseño de comunicación, y en la Asociación de Diseñadores Gráficos existía un grupo interesado en desarrollar el estudio de la tipografía. Fue en ese momento que se convocó a todos los profesionales independientes y a aquellos que habían sido reconocidos en la bienal, para organizar aquellas exposiciones. El objetivo era el de concientizar y movilizar a los alumnos.

http://www.tipografiabrasilis.com

Aproximadamente por la misma fecha y también en Brasil, Tony de Marco y Claudio Rocha comenzaron a editar *Tupigrafía*, una publicación dedicada exclusivamente al tema. Esta revista aborda las diversas formas y manifestaciones de la tipografía, surgidas desde disciplinas como la pintura, la fotografía, el cine, el diseño gráfico y la recuperación de ciertas formas populares de comunicar con letras. Sus páginas tienen un contenido variado y a veces sorprendente.

http://www.tupigrafia.com.br

La revista *Tiypo*, por su parte, es una publicación mexicana que surgió en marzo de 2003. Está dedicada a la tipografía y vinculada con la actividad docente, en tanto se interesa por buscar nuevos recursos y diseñar estrategias didácticas para contenidos como la selección de tipografía y otros temas sustanciales. Editada por Francisco Calles Trejo, Héctor Montes de Oca y Nacho Peón, la revista contempla el tema de la tipografía desde la práctica profesional y se divide en distintas secciones: diseño con tipografía, diseño de tipografía, entrevista internacional, historia, semiótica y noticias. Para la composición de sus textos selecciona fuentes tipográficas hechas en México. Alrededor de la publicación se desarrollan distintos acontecimientos paralelos. Tal es el caso de «Tipografilia», un congreso de tipografía organizado por la revista, la Universidad Autónoma Metropolitana Xochimilco y el Centro de Estudios Gestalt de Veracruz.
http://www.tiypo.com

Para comienzos de 2008 hizo su aparición *Quadra*, otra publicación mexicana dirigida por Edgardo Flavio López Martínez. Se trata de una revista semestral del departamento de Proyectos de Comunicación del Centro Universitario de Arte, Arquitectura y Diseño de la Universidad de Guadalajara, con la colaboración del cuerpo académico de Diseño y Comunicación (UDG-CA-543). En esta publicación aparecen regularmente notas referidas a tipografía, diseño de información y ediciones masivas.
http://www.quadracomunicacion.com

Una rápida mirada a todas estas publicaciones permite constatar que fueron encaradas por profesionales interesados en la disciplina y no por empresas editoriales, por lo que desde su estructura tienen un sesgo que las hace particulares, pues se ocupan de una temática que todavía no tiene un mercado abierto; responden más a un interés particular que a una condición comercial.

Otras revistas periódicas de diseño, como *ARQ*, *Nuevo Diseño*, *Diseña* y *180* en Chile, o *Gráfica* en Brasil – una publicación que dedica un espacio destacado a la letra –, se han ocupado de comunicar los intereses tipográficos en la región. Generan notas en su propio ámbito o reproducen documentos ya editados. Han sembrado información y conocimiento acompañando constantemente la educación formal que se imparte en las casas de estudio.

4. OTRAS MANERAS DE ENSEÑAR Y APRENDER

Complementando las actividades académicas, las publicaciones y las bienales, y como parte del movimiento generado, se fueron sumando espacios de aprendizaje más informales que nuclearon a distintos grupos de trabajo e investigación. Los diseñadores se organizaron para compartir sus conocimientos, maneras de encarar el trabajo o literaturas específicas. Estas actividades paralelas canalizan el interés por asimilar la mayor cantidad de información sobre el tema.

GRUPOS DE ESTUDIO, ENSEÑANZA Y DIFUSIÓN

En Buenos Aires, en 2001, el colectivo «T-convoca» hizo aún más específica la discusión sobre el tratamiento tipográfico. Además de propiciar el intercambio de información, actuó como espacio de encuentro entre los profesionales. Una vez por mes, un invitado exponía sus trabajos y opiniones prestándose al intercambio profesional con una platea integrada por pares.
www.t-convoca.com.ar

También se formaron grupos de aprendizaje extraacadémicos. «Tipitos Argentinos», por nombrar uno de ellos, es un espacio de estudio y capacitación gratuito que se desarrolla en un ámbito independiente. Allí se reúnen los que quieren profundizar en su trabajo al margen de los conocimientos adquiridos en la universidad. Este tipo de talleres, donde los interesados se agrupan para aprender unos de otros, funcionan en distintos puntos de la región.
www.tipitosargentinos.com.ar

Se activaron, asimismo, situaciones no convencionales de difusión, como es el caso de «Tipocracia: estado tipográfico», un proyecto dirigido por Henrique Nardi que busca promover la cultura tipográfica brasileña. Al amparo de «Tipocracia» se han dado charlas y workshops en la mayoría de las grandes ciudades del país.
www.tipocracia.com.br

Un sinnúmero de sitios web, blogs, etc., se generaron en la región, a veces de manera paralela al discurso oficial de la tipografía que se imparte desde las cátedras de enseñanza y las publicaciones. Son espacios que convocan a los aficionados y profesionales de la tipografía, del diseño y de la comunicación a expresar sus ideas, mostrar y discutir sus trabajos, y compartir experiencias. La información circula con mucha facilidad y economía por medios digitales, lo que ha cambiado hábitos y comportamientos, horizontalizando y masificando aún más la información y el conocimiento sobre la tipografía.

Ver «*Apéndice III*» al final del texto.

ACTIVIDADES DE EXTENSIÓN UNIVERSITARIA

A partir de la experiencia pionera de la UBA, se fueron generando en escuelas y universidades de Latinoamérica ciclos de conferencias, talleres de estudio y otras estrategias de intercambio de conocimientos, como aquellas que involucraron a profesionales especializados en centros de estudio del exterior. En efecto, otra manera de incorporar educación se produjo cuando colegas de la región, luego de especializarse en diseño tipográfico en Europa, sumaron esa experiencia a la enseñanza. Es difícil seguir el rastro de la concurrencia a esos centros de estudio; quizá los más frecuentados fuera de Latinoamérica sean la Escuela de Artes Aplicadas de Basilea (Suiza), con fuerte tradición en la enseñanza de los conocimientos de la letra; la Universidad de Reading, Reino Unido, un centro reconocido del estudio de la tipografía aplicada a textos y al análisis de los idiomas orientales; y la Academia Real de Bellas Artes de La Haya, Holanda, quizás el lugar más abierto de todos a la exploración formal.

LA PRODUCCIÓN EDITORIAL

En los últimos 25 años, período en que situamos esta etapa de la tipografía latinoamericana, se han editado muchos libros basados en el pensamiento desarrollado en la región, y que por su calidad y propuesta tuvieron una rápida aceptación. También se han organizado bibliotecas especializadas y se han estrechado los lazos de interacción académica entre tipógrafos de Latinoamérica y el resto del mundo. Tal vez el ejercicio haya rendido sus frutos y aunque falte aún mucho por recorrer, es posible afirmar que al cabo de estos años Latinoamérica está situada en el «mapamundi tipográfico» con un fuerte impulso, desarrolla el conocimiento de la letra con exigencia y piensa en el futuro.

Ver «*Apéndice II*» al final del texto.

Latinoamérica se ha constituido naturalmente como un lugar alternativo del conocimiento de la tipografía. Estos saberes han superado el nivel de grado en la enseñanza universitaria para constituir alternativas de estudio especializado. Hoy, para saber de tipografía ya no es imprescindible cruzar el océano.

Ver «*Apéndice I*» al final del texto.

5. UN BALANCE PROVISORIO

La suma de todos los acontecimientos a los que se ha hecho referencia, ocurridos en un plazo tan breve de tiempo y en un espacio tan diverso, nos hace pensar que la necesidad del conocimiento tipográfico estaba latente en la región, y que solo fue necesario exponerlo para que fuera rápidamente incorporado. Lo que seguramente hace singular a esta experiencia es la velocidad con que se pasó desde la etapa de uso o imitación de lo existente al desarrollo de propuestas alternativas, tanto en las maneras de estudiar la tipografía como en su aplicación profesional. Este movimiento abrió un nuevo frente que tiene impulso propio: la presencia de las fuentes tipográficas latinoamericanas en el mercado internacional.

PRODUCCIÓN Y COMERCIALIZACIÓN DE FUENTES

Como consecuencia del trabajo realizado, Latinoamérica también viene avanzando de manera sostenida en la producción y comercialización de fuentes, a veces desde fundidoras propias y otras, tomando la infraestructura desarrollada por terceros. La tipografía en la región, por la misma dinámica que impone la disciplina, ha dejado de ser un ejercicio amateur: propone soluciones concretas a necesidades también concretas, habla el propio idioma desde el que se diseña, e incursiona con ímpetu en el mercado mundial del diseño y producción de fuentes. Algunas de las fundidoras independientes que están actuando en Latinoamérica como distribuidoras de fuentes y licencias de uso están recopiladas al final de esta nota.

Ver «*Apéndice IV*» al final del texto.

Varios trabajos presentados por latinoamericanos en concursos internacionales fueron reconocidos y premiados por su calidad. Este éxito, entre otros factores, determinó que desde Europa y el norte de América se comenzara a seguir con atención el movimiento tipográfico latinoamericano.

¿QUÉ LE FALTA A LA TIPOGRAFÍA LATINOAMERICANA?

Uno de los aspectos a tomar en cuenta para completar el desarrollo de la tipografía en la región es, probablemente, la historia lingüística. Será necesario adentrarse en los antecedentes, buscar los orígenes, conocer en profundidad los acontecimientos que condujeron a nuestras lenguas hasta el presente, de modo a llegar con datos más precisos a la etapa proyectual.

Como hemos dicho, en el subcontinente se hablan y escriben mayoritariamente y de manera oficial las lenguas de origen europeo – castellano y portugués –. En nuestro ámbito también el guaraní, el aymara y el quechua han sido reconocidas como lenguas oficiales. Esta inclusión formal tiene una enorme trascendencia porque por primera vez en la historia grandes grupos de población sienten institucionalizado un derecho ancestral, el de utilizar su propia lengua. Para la tipografía, este nuevo escenario trae consigo desafíos sumamente interesantes.

Por solo citar un ejemplo, los colegas que trabajan en diseño tipográfico en Paraguay tienen la necesidad de intervenir sobre la anotación e intentan resolver situaciones no consideradas por la estructura alfabética latina, no solamente en la representación de sonidos propios, sino básicamente en la articulación de los signos para evitar que, debido a su forma, las palabras en guaraní resulten fragmentadas cuando se las compone en tipografía.

En la región existe también cantidad de lenguas ágrafas, que se han mantenido limitadas a la cultura oral y que esperan la posibilidad de una escritura para su supervivencia. Otras tienen más de una forma de anotación, lo que implica trabajar no solamente en la regulación y unificación de la escritura, sino también en incorporar a la educación una escritura estable, única manera de asimilar definitivamente la estructura del idioma.

¿PARA QUÉ SIRVE LA TIPOGRAFÍA?

Los aspectos enumerados hasta ahora indican que la tipografía en Latinoamérica debe superar su estadio de experiencia formal para convertirse en un instrumento de desarrollo cultural al servicio de la gente. Creo que esta afirmación no es una generalización vacía ni un argumento valorativo: haría falta complementar nuestro ejercicio con alfabetos que den respuesta a funciones aún poco exploradas, relacionadas con la diversa utilidad de la tipografía, y partir de las necesidades, los hábitos y las realidades de cada sector.

Hay, por ejemplo, innumerables problemas de origen perceptivo y de interpretación por resolver; la tipografía debe acercarse a la temática de la salud pública, un espacio en el que la letra, asociada a la medicina, puede intervenir para complementar terapias y deficiencias como las de origen visual o las afásicas, resolviendo carencias y mejorando las posibilidades de los pacientes. Otra frente a desarrollar es el del estudio y el diseño de las tipografías más adecuadas para el trabajo en lectoescritura inicial o para la alfabetización de adultos.

No es seguro que con los métodos, desarrollo y estructura existentes se hayan cubierto los problemas y necesidades que se deben abarcar en nuestra región. Nuestro subcontinente encaró esta disciplina con cierta audacia, que puede considerarse fruto de un genuino interés. Es necesario ahora construir una modalidad de trabajo que más que autónoma, se adapte a nuestra medida, asumiendo las diferencias y similitudes de manera amplia y constructiva.

Más allá de las modas de la época y el apasionamiento propio de la sed de saber, la tipografía latinoamericana será adulta cuando se pueda considerar un hecho funcional fundamental para la vida, sin que se deba hablar sistemáticamente de ella. La investigación de la historia, así como el conocimiento continuo de lo que está sucediendo marcarán el aporte a la comunicación del capítulo latinoamericano de la tipografía mundial.

Lo que hace interesante este vertiginoso proceso es sin duda la posibilidad de proponer esta particular mirada regional a la tipografía internacional, aportar cierta cuota de desenfado y atrevimiento, y propiciar miradas desinhibidas sobre los viejos saberes. En mi opinión, la tipografía de la región no debe temer equivocarse; está produciendo sus propios conocimientos y está desarrollando una mirada más atenta y especializada que la que podíamos suponer al comienzo de esta aventura.

Los conocimientos surgidos de estas experiencias no quedan cerrados, sino que derraman sobre la utilización de las fuentes en lo cotidiano. Algo que anteriormente era imitativo, hoy tiene voz propia gracias a la dinámica lograda. Sería muy bueno que aprovechando las tecnologías permisivas y las posibilidades de comunicación pueda desarrollarse una cultura tipográfica que no se supedite exclusivamente a reproducir lo ya conocido. Estaría bien que desde este vertiginoso saber se recreen los planes y sistemas de formación en el tema.

Latinoamérica es la primera que debe creer en la calidad de sus tipógrafos. Sería deseable que en el momento de seleccionar fuentes partiéramos de conocer lo que se diseñó a nuestro alrededor, pues por el momento muchos trabajos distribuidos por las grandes redes de la tipografía internacional pasan inadvertidos entre muchos otros realizados en distintas partes del mundo.

CONCLUSIONES

Todo indica que en nuestros países el conocimiento referido a la letra está en el umbral de otra etapa. Ya pasó el momento de la apertura y la difusión de la información básica, y se ha avanzado sobre el espacio tecnológico para que las fuentes producidas en Latinoamérica tengan un nivel de acabado acorde a las exigencias de uso.

Mucho de lo sucedido en este último cuarto de ciclo se debe al empeño y dedicación de los que desde cada lugar y con el entusiasmo propio de los noveles, forjaron el espacio para el conocimiento. Las publicaciones, por medios tradicionales o electrónicos, hicieron mucho por la difusión de ideas y han sembrado el camino recorrido con experiencias, inquietudes y opiniones. Mirada a la distancia, la enseñanza de la tipografía tiene bastante de epopeya y mucho de entusiasmo, y muestra que fue construida con aportes distintos y diversos.

En Latinoamérica, la tipografía es una práctica cultural que se proyecta más ampliamente para crear nuevos espacios y para optimizar el uso de los existentes, para mejorar la calidad de las ediciones y para satisfacer las necesidades sociales de la región.

SE AGRADECE LA INFORMACIÓN QUE FACILITARON LOS COLEGAS PARA RECOPILAR LOS DATOS EXPUESTOS:

Francisco Calles Trejo (Mx)
Luciano Cardinali (Br)
Miguel Catopodis (Ar)
Cecilia Consolo (Br)
Pablo Cosgaya (Ar)
Juan Carlos Darias (Ve)
Juan Heilborn (Py)
Vicente Lamónaca (Uy)
Edgardo Flavio López Martínez (Mx)
Viviana Monsalve (Co)
César Puertas (Co)
Hugo Rivera Scott (Cl)

APÉNDICE I
Carreras de especialización o posgrados de tipografía en la región:

ARGENTINA
Ciudad de Buenos Aires
Carrera de posgrado CDT (Carrera de Especialización en Diseño de Tipografía), de la Facultad de Arquitectura Diseño y Urbanismo de la Universidad de Buenos Aires.
Tiene como propósito institucionalizar y sistematizar la enseñanza del diseño tipográfico de fuentes y la investigación en la materia, haciendo foco en las complejidades específicas de nuestras lenguas y culturas.
La primera generación de estudiantes ingresó en el año 2008.
La carrera está dirigida a profesionales egresados de Diseño Gráfico, o carreras afines.
Duración 3 cuatrimestres (420 horas docentes). El período de cursada es cada dos años.
http://www.cdt-uba.org

BRASIL
En Brasil no existe un nivel superior para el estudio o la especialización tipográfica, aunque en muchas de sus universidades se promueve la investigación sobre el tema.

CHILE
Diplomados:
Santiago de Chile
Diplomado del DET (Departamento de Estudios Tipográficos de la Pontificia Universidad Católica de Chile).
La primera generación de estudiantes ingresó en el año 2002, realizándose en dos primeras versiones de manera consecutiva. La tercera se realizó en el 2007 y la cuarta en 2012. Este Diplomado tiene una carga horaria de 114 horas docentes.
http://diplomadoslocontador.uc.cl/
Santiago de Chile
Diplomado de Tipografía Digital (Universidad Tecnológica Metropolitana).
Se dicta como un curso de extensión del Departamento de Diseño, de la Facultad de Arquitectura y Urbanismo desde 2012.
Este Diplomado tiene una carga horaria de 116 horas docentes.
http://etc.uchilefau.cl

MÉXICO
Puerto de Veracruz.
El plan de estudios de la MDT (Maestría en Diseño Tipográfico) del Centro de estudios Gestalt, aborda dos grandes áreas de interés; el diseño de tipografía y el diseño con tipografía.
El objetivo del curso es investigar y desarrollar soluciones óptimas a problemas particulares de comunicación mediante la correcta interpretación tipográfica, a partir del conocimiento específico de aspectos formales, conceptuales y tecnológicos de este medio y su entorno, que le permitan aplicarlos convenientemente.
Dirigido a profesionales egresados de las licenciaturas de Diseño Gráfico, Comunicación Gráfica, Artes Visuales, o carreras afines.
Duración 4 semestres (480 horas docentes).
http://cegestalt.com

APÉNDICE II

Libros relacionados con la tipografía escritos y editados en la región durante los últimos 25 años.

ARGENTINA

CÁTEDRA FONTANA (1996). **Pensamiento Tipográfico**. Edicial. Argentina.

REISSIS, Teo (2005). **Cinco cuentos tipográficos**. Nobuko. Argentina.

LE COMTE, Christian (2005). **Manual tipográfico**. Infinito. Argentina.

PEPE, Eduardo (2008). **Tipografía expresiva: Manual de uso práctico para el trabajo con tipografías**. Eduardo Pepe. Argentina.

TREDICCE, Juan Pablo (2008). **Divergencia y convergencia tipográfica**. Edición del autor. Argentina.

GORODISCHER, Horacio (2010). **Curiosidades tipográficas**. Universidad Nacional del Litoral. Argentina.

ARES, Fabio (2010). **Expósitos. La tipografía en Buenos Aires. 1780-1824.** Dirección General de Patrimonio e Instituto Histórico de la ciudad de Buenos Aires. Argentina.

PEPE, Eduardo Gabriel (2011). **Tipos Formales: la tipografía como forma**. Ediciones de la utopía. Argentina.

CARPINTERO, Carlos (2012). **La tipografía como complejo de placer**. Wolkowicz Editores. Argentina.

BRASIL

CUNHA LIMA, Guilherme (1997). **O Gráfico amador. As origens da moderna tipografia brasileira**. Editora UFRJ. Brasil.

CONSOLO, Cecilia (org.) (2000). **Tipografia Brasilis I**. Fundaçao Armando Alvares Penteado. Brasil.

FARIAS, Priscila (2000). **Tipografia Digital.** 2AB Editora Ltda. (Segunda edición). Brasil.

CONSOLO, Cecilia (org.) (2000). **Tipografia Brasilis 2. Brasil de corpo e alma**. Fundaçao Armando Alvares Penteado. Brasil.

FERULAUTO, Cláudio (2000). **O Tipo da Gráfica e Outros Escritos**. Edições Cachorro Louco. Brasil.

ROCHA, Claudio (2002). **Projeto Tipográfico; análise e produçao de fontes digitais**. Edições Rosari. Brasil.

CONSOLO, Cecilia (org.). **Tipografia Brasilis III**. Fundaçao Armando Alvares Penteado. Brasil.

JACQUES, Joao Pedro (2003). Tipografia pós-moderna. **«Qual é o seu tipo?» Bembo, Bodoni, Franklin Gothic, Garamond**... AAVV. Edições Rosari. Brasil.

FARIAS, Priscila; Piqueira, Gustavo (2003). **Fontes digitais brasileiras de 1989 a 2001**. ADG/Rosari. Brasil.

FARIAS, Priscila; Esteves, Ricardo. **O Design Brasileiro de Tipos digitais**. Editora Blucher. Brasil.

FARIAS, Priscila; Finizola, Fatima. **Tipografia Vernacular Urbana**. Editora Blucher. Brasil.

PIQUEIRA, Gustavo. **Gill Sans**. Edições Rosari. Brasil.

ROCHA, Claudio (2004). *Tipografia comparada. 108 fontes clássicas e comentadas.* Edições Rosari. Brasil.

ROCHA, Claudio. *A eterna Franklin Gothic.* Edições Rosari. Brasil.

ROCHA, Claudio. *Trajan.* Edições Rosari. Brasil.

CARDINALI, Luciano. *Garamond, letras que bailam.* Edições Rosari. Brasil.

HORCADES, Carlos M. (2004). *A Evolução da Escrita. História Ilustrada.* Senac Rio Editora. Brasil.

HORCADES, Carlos M. (2004). *Almanaque Tipográfico Brasileiro.* Ateliê Editorial. Brasil.

PERROTTA, Isabella. *Tipos e grafias.* Viana e Mosley Editora. Brasil.

GAUDÊNCIO JÚNIOR, Norberto (2004). *A herança escultórica da tipografía.* Edições Rosari. Brasil.

PERROTTA, Isabella (2005). *Tipos e Grafias.* Ed. Viana & Mosley / Senac Rio Editora. Brasil.

GRUSZYNSKI, Ana Cláudia. *Design gráfico: Do invisível ao ilegível.* Edições Rosari. Brasil

MARTINS, Bruno G (2007). *Tipografia Digital: potencias do ilegível na experiência do cotidiano.* Annablume. Brasil.

PELLEGRINI FILHO, Américo (2009). *Comunicação popular escrita.* Edusp. Brasil.

ESTEVES, Ricardo (coordinación Farias, Priscila) (2009). *O Design Brasileiro de Tipos Digitais.* Editora Blucher. Brasil.

CARDINALI, Luciano. *Catálogo da Quarta Bienal de Tipografía Latino-Americana.* Tipos Latinos 2010. Editora Blucher. Brasil.

CHILE

RAMÍREZ, Rodrigo (2002). *Indo Sans.* libreta de familia, póliza para la exposición Indo Sans en sala «La Galería» Universidad Diego Portales, Facultad de Arquitectura, Diseño y Bellas Artes y en la sala «Cuarto Rojo» de la Pontificia Universidad Católica, Facultad de Arquitectura, Diseño y Estudios Urbanos. Chile.

GALVEZ PIZARRO, Francisco (2004). *Educación tipográfica.* Ediciones Universidad Diego Portales. Chile.

ÁLVAREZ CASELLI, Pedro (2004). *Historia del diseño gráfico en Chile.* Pontificia Universidad Católica de Chile.

GALVEZ PIZARRO, Francisco y lo Celso, Alejandro (2005). *Proyecto Demo (Australis).* Dany Berczeller / Cristián Gonzalez Sáiz Editores. Chile.

OSSES, Roberto (2007). *Esos tipos de la UTEM.* Catálogo de especímenes, curso de diseño de fuentes digitales, Chile.

CONTRERAS, Joaquín (2007). *Proyecto tipográfico Winnipeg.* Epístola, Romances y Jocosa, digitalizaciones de caligrafías realizadas por Maurico Amnster. Autoedición. Chile.

OSSES, Roberto (2008). *Esos tipos de la UTEM II.* Catálogo de especímenes, curso de diseño de fuentes digitales. Chile.

GÁLVEZ, Francisco (2011). **Teoría y práctica del dibujo de fuentes**. Cuadernillo de materia y trabajos realizados el segundo semestre de 2011, Pontificia Universidad Católica de Chile. Chile.

COLOMBIA
CONSUEGRA, David (2004). **American Type Design & Designers**. Allworth Press. Nueva York.

CONSUEGRA, David (2005). **Bernhard: diseño y tipografía**. Universidad Nacional de Colombia, Facultad de Artes. Bogotá.

CÁRDENAS, Marco Aurelio (2006). **Tipografun**. Unibiblos, Universidad Nacional de Colombia, Facultad de Artes. Bogotá.

AUTORES VARIOS (2010). **David Consuegra: pensamiento gráfico**, Editorial Universidad Nacional de Colombia. Bogotá.

MÉXICO
BALLESTEROS, Constanza, DURÁN, Catalina; TELLO, Olivia 1989. **Tipografía**. UAM-Xochimilco. México.

MARTÍNEZ LEAL, Luisa (1990). **Treinta siglos de tipos y letras**. UAM-Tilde. México.

FERNÁNDEZ LEDESMA, Enrique (1991). **Historia crítica de la tipografía en la ciudad de México**. Facsímile. UNAM. México.

SÁNCHEZ Y GÁNDARA, Arturo; Magariños, Fernando; Wolf, Kurt Bernardo (1992). **El arte editorial en la literatura científica**. UNAM. México.

LARRAÑAGA RAMÍREZ, Mariana (1993). **De la letra a la página**. UAM-Azcapotzalco. México.

ZABALA RUÍZ, Roberto (1997). **El libro y sus orillas, UNAM**. México.

POMPA Y POMPA, Antonio (1998). **450 años de La imprenta tipográfica en México**. Asociación Nacional de Libreros. México.

MONTALVO, Germán (1999). **Palabra de tipografía**. Libros del bosque. México.

DE LA TORRE VILLAR, Ernesto (1999). **Breve historia del libro en México**. UNAM. México

FERNÁNDEZ DEL CASTILLO, Gerardo Kloss (2001). **Entre el diseño y la edición**. UAM. México.

DE BUEN UNNA, Jorge (2001). **Manual de diseño editorial**. 3ª edición, Ediciones Trea. España.

VARIOS AUTORES (2003). **Ensayos sobre Diseño tipográfico en México**. Editorial Designio. México.

KLOSS FERNÁNDEZ DEL CASTILLO, Gerardo (2004). **25 de septiembre: día del tipógrafo**. Revista Tiypo. México.

VARIOS AUTORES (2004). **Ensayos sobre diseño, tipografía y lenguaje**. Ed. Designio. México.

HERNESTROSA MATUS, Cristóbal (2004). Fondo. Editada por Gestalt. México.

HENESTROSA MATUS, Cristóbal (2005). **Espinosa: Rescate de una tipografía novohispana**. Editorial Designio. México.

KLOSS FERNÁNDEZ DEL CASTILLO, Gerardo (2007). **Entre el oficio y el beneficio: el papel del editor**. Editorial Universitaria de Guadalajara. México.

RODRÍGUEZ DÍAZ, Joaquín (2009). **La palabra como signo creativo**. COEDI MEX. México.

GARONE, Marina (2009). **Breve introducción a la tipografía en el libro antiguo**. Panorama histórico y nociones básicas para su reconocimiento. Asociación Mexicana de Bibliotecas e Instituciones con Fondos antiguos. México.

GARONE, Marina (2009). **Las otras letras, mujeres impresoras en la Biblioteca Palafoxiana**. Memorias. Secretaría de Cultura del Estado de Puebla. México.

VARIOS AUTORES (2011). 1539-2011, 472 aniversario de la imprenta en México, primera en América. **Museo de Filatelia de Oaxaca**. México.

VÁZQUEZ, Leonardo (2011). **Lectura: el diseño de una familia tipográfica**. Artes de México, México.

DE BUEN UNNA, Jorge; Scaglione, José (2011). **Introducción al estudio de la tipografía, Editorial Universitaria de Guadalajara, Ediciones Trea**. España.

GARCÍA JOLLY, Victoria (2011). **El libro de letras**. Editorial Lectorum. México.

GARONE GRAVIER, Marina; Pérez Salas C, María Esther (2012). **Las muestras tipográficas y el estudio de la cultura impresa**. Ediciones del ermitaño. México.

GARONE GRAVIER, Marina (2012). **Miradas a la cultura del libro en Puebla**. EyC/CECA-Puebla/IIB-UNAM. México.

GARONE GRAVIER, Marina (2012). **La tipografía en México**. Ensayos históricos (siglos XVI al XIX). Escuela Nacional de Artes Plásticas, UNAM. México.

FONTANA, Rubén (2012). **Ganarse la letra**. Colección Antologías, UAM, Xochimilco. México.

PARAGUAY
BARRETO, Eduardo. **Editor general (2009)**. Crisálidas, tipografía digital del Paraguay. Edición Bilingüe Castellano-Guaraní. Editores Piquete de Ojo y T'py, Paraguay.

URUGUAY
WOJCIECHOWSKI, Gustavo; coordinador y otros (2006). **Doblette: taller tipografía**. Yaugurú, Universidad ORT. Uruguay

WOJCIECHOWSKI, Gustavo; coordinador y otros (2007). **Doblette 3: taller tipografía**. Yaugurú, Universidad ORT. Uruguay.

GARCÍA HERNÁNDEZ, Roberto (2007). **Qué hay detrás de la letras: Historia – Ideas – Arte – Cultura – Intencionalidad**. Melibea Ediciones. Uruguay.

WOJCIECHOWSKI, Gustavo; coordinador y otros (2009). **Doblette 4: taller tipografía**. Yaugurú, Universidad ORT. Uruguay.

WOJCIECHOWSKI, Gustavo; coordinador y otros (2011). **Doblette 5: taller tipografía**. Yaugurú, Universidad ORT. Uruguay.

WOJCIECHOWSKI, Gustavo (2012). **Tipografía, poemas&polacos**. Editorial Argonauta. Argentina.

VENEZUELA
FERRAIO-NEDO, Mion (1973). **Letromaquia**. Ediciones Refolit. Venezuela.

EDICIONES ESPAÑOLAS EN LAS QUE PARTICIPAN AUTORES DE LATINOAMÉRICA

RIBAGORDA, José María et alt (2009). **Imprenta Real**. Fuentes de la tipografía española. Ministerio de Asuntos Exteriores y de Cooperación. Madrid, España. Nota: Contiene ensayos de los autores latinoamericanos: Rubén Fontana, Francisco Gálvez y Marina Garone.

FONTANA, Rubén y Jalluf, Zalma (2010). **Manualidades tipográficas**. Campgràfic. España.

VARIOS AUTORES (2011). **Tipo elige tipo: 17 tipógrafos nos enseñan a elegir tipografías**. Tipo e. España.

HENESTROSA, Cristobal; Mesenger, Laura; Scaglione, José (2012). **Cómo crear tipografías**. Tipo e. España.

APÉNDICE III
Sitios referidos a la tipografía

ARGENTINA
http://www.caractertipografico.com.ar
http://www.t-convoca.com.ar
http://www.oert.org/
http://www.tipitosargentinos.com.ar

BRASIL
http://www.adg.org.br
http://nossotipo.wordpress.com/tag/tipografia-brasileira/
http://tipografos.net/brasil/index.html
http://www.tipos populares.com.br
http://www.tiposdobrasil.com/blg/

CHILE
http://www.andez.cl
http://www.esostiposdelautem.cl
http://www.mansastypas.cl
http://www.tipografia.cl

COLOMBIA
http://lineatipografica.wordpress.com/
http://www.tipografico.org
http://tipografia.com.co
http://tipograph.blogspot.com

MÉXICO
http://www.buap.mx/impresoras/
http://www.cocijotype.com/
http://www.estudio-ch.com/
http://www.fontaste.com/
http://www.kimeratype.com/
http://www.macizotype.com/
http://ollervides.com/TYPE-LETTERING-TIPOGRAFIA
http://talaveratype.com/
http://typemade.mx/

PARAGUAY
http://www.tipografiaparaguay.org

URUGUAY
http://www.lamonaca.org
http://www.tipografia.com.uy

VENEZUELA
http://www.rfuenzalida.com

APÉNDICE IV
Fundidoras, distribuidoras de fuentes tipográficas de la región

ARGENTINA
http://www.huertatipografica.com.ar
http://www.omnibus-type.com
http://www.pampatype.com
http://www.pulparoja.remadg.com.ar
http://www.sudtipos.com.ar
http://www.tipo.net.ar
http://www.type-together.com

BRASIL
http://armasen.com/
http://www.blackletra.com/
http://www.brtype.com
http://www.crimestipograficos.com
http://www.chibachiba.com
http://www.dootype.com.br
http://www.flopez.com.br
http://www.fortetype.com
http://www.gustavolassala.com
http://www. hugocristo.com.br
http://www.isacotype.com
http://www.justintype.com.br
http://www.marinachaccur.com
http://www.misprintedtype.com
http://www.nedertype.com
http://www.outrasfontes.com
http://www.pedromoura.com.br
http://www.tipomakhia.com.br
http://www.tiposdoacaso.com.br/
http://www.typefolio.com
http://www.yomaraugusto.com

CHILE
http://www.latinotype.com
http://www.tipografia.cl/fuentes

COLOMBIA
http://www.andinistas.net
http://www.myfonts.com/foundry/Cesar Puertas/
http://www.myfonts.com/foundry/Corradine_Fonts/
http://www.fontfuror.com
http://www.myfonts.com/foundry/John_Vargas_Beltrán/
http://www.be.net/khamuslestat/frame
http://www.myfonts.com/foundry/Macrotipo/
http://www.typo5.com

MÉXICO
http://www.bluetypo.com
http://www.cocijotype.com
http://www.estudio-ch.com
http://www.kimeratype.com
http://www.letrizmo.com

URUGUAY
http://www.tipotype.com
http://www.yosoyamater.com/type

VENEZUELA
https://www.facebook.com/pages/John-Moore-Type-Foundry/267527083349427
http://andinistas.net/about/

El texto fue compuesto en Bookman Old Style 9/10.8 pt.
Los títulos, con la familia Gill Sans Negrita 30 pt.
Subtítulos en Gill Sans Negrita 10pt.

SAN PABLO – 2013